W0395101

L'abus de consommation responsable rend heureux !

Éditions Eyrolles
61, bd Saint-Germain
75240 Paris Cedex 05
www.editions-eyrolles.com

Ouvrage dirigé par Anne Ghesquière, fondatrice
du magazine FemininBio et du podcast Métamorphose.

Création de maquette et mise en pages : Soft Office

En application de la loi du 11 mars 1957, il est interdit de reproduire intégralement ou partiellement le présent ouvrage, sur quelque support que ce soit, sans autorisation de l'éditeur ou du Centre français d'exploitation du droit de copie, 20, rue des Grands-Augustins, 75006 Paris.

© Éditions Eyrolles, 2020

ISBN : 978-2-212-57321-3

Marie Duboin
Herveline Giraudeau

L'ABUS DE CONSOMMATION RESPONSABLE REND HEUREUX !

La méthode BISOU, la première méthode efficace pour se libérer de la surconsommation

Éditions
EYROLLES

Sommaire

Introduction

B comme Besoin

I comme Immédiateté

S comme Semblable

O comme Origine

U comme Utilité

Conclusion

Bonus track

Remerciements

Introduction

Ce livre aurait pu s'appeler *J'arrête de me surconsommer!*.

Mais comme notre premier livre s'appelle *J'arrête de surconsommer!*, on s'est dit que changer juste deux lettres dans le titre, ça faisait un peu feignasse.

Depuis la sortie de notre premier livre, notre démarche et nos vies ont beaucoup évolué : finalement, s'engager dans une consommation respectueuse et consciente, c'est un chemin qui ne se termine jamais.

De ce qu'on peut constater autour de nous, la plupart des gens qui s'engagent dans ce genre de pratique le font en priorité dans le but de préserver l'environnement. C'est beau, c'est noble, c'est altruiste, c'est plein d'amour, c'est... fatigant, parfois compliqué, décourageant ! Pourquoi ? Parce qu'on s'oublie souvent, dans cette affaire-là !

Ah oui, on préfère te prévenir, dans ce livre, on se tutoie ! Nous, ça nous aide à rester bien concentrées sur toi pendant qu'on écrit, et toi de ton côté, tu accueilleras nos mots comme si on était de vieilles copines. On trouve que c'est très important. Déjà parce que les copines, c'est comme le gras, c'est la vie, et puis parce que dans ce livre on va te livrer des passages de nos vies qui sont assez intimes, du moins qui nous ont fait avancer et cheminer. Et on va te demander de faire de même, de parfois aller te poser des questions qui vont t'embêter comme le bruit d'un moustique, genre tu aurais presque envie de nous éclater contre le mur d'un revers de main, tu vois ?

Il se peut que par moments ça ne soit pas ultraconfortable, du coup on sait que si on est des vieilles copines, ça se passera mieux.

Qui sommes-nous ?

Peut-être que tu ne nous connais pas, ça nous paraît donc important de nous présenter avant toute chose, puisqu'on va passer un moment ensemble.

Marie

Tu sais que j'aime de moins en moins cette question ?

Je suis donc Marie, je suis divorcée, j'ai un fils de onze ans surnommé « l'Héritier », petit zèbre plein d'énergie, et un amoureux très beau et très gentil. Nous vivons à **« La Grotte[1] »**, un ensemble de trois maisons, où nous sommes mitoyens avec une de mes meilleures amies, ce qui nous permet de faire jardin-potager-poules-chat et même parfois enfants communs. C'est la tribu de la Grotte.

Je consacre aujourd'hui ma vie à étendre auprès d'un maximum de gens l'idée qu'une consommation responsable est possible pour TOUT LE MONDE, peu importe le contexte de vie : un budget très limité, ou moyen, ou élevé, beaucoup de temps, peu de temps, jeune, moins jeune, citadin, campagnard, etc. Je suis intimement persuadée qu'absolument tout le monde peut changer sa manière de consommer pour être plus respectueux de la planète, plus en accord avec ses valeurs, et qu'en plus, être aligné entre ce que l'on est et sa consommation, ça rend très heureux ! Je l'ai expérimenté moi-même.

Mais ma démarche a été longue et sinueuse.

J'ai commencé à me poser des questions sur ma consommation il y a onze ans, à la naissance de mon fils. Auparavant, j'étais

1. Les termes composés en vert sont expliqués dans le lexique, à la fin du livre.

une consommatrice tout à fait classique : je faisais mes courses au supermarché, je n'achetais rien en bio, j'achetais des cosmétiques classiques et des vêtements dans des grandes chaînes. D'ailleurs, puisqu'on en est aux confidences, les quelques écolos que je croisais me paraissaient complètement déconnectés des problématiques des vraies gens, et en plus, leur mode de vie ne me paraissait pas du tout sexy et ne me faisait pas envie. Par exemple, j'ai toujours été coquette, j'aime le maquillage et les fringues, et c'est toujours le cas.

« Être écolo » me semblait chiant et austère, et puis ces gens-là me renvoyaient une espèce de suffisance qui me faisait me sentir mal : je les fuyais.

Il y a onze ans, mon fils est né en pleine polémique sur le bisphénol A contenu dans le plastique des biberons. J'ai jeté un bref coup d'œil à la question, mais pour tout te dire, ça me saoulait un peu. J'ai quand même acheté des biberons sans bisphénol, histoire de dire.

À sa naissance, mes hormones ont dû faire les folles, du jour au lendemain, ma peau n'a plus supporté aucun cosmétique du commerce : ça me brûlait, je devenais toute rouge ! Il a fallu que je me tourne vers des solutions plus naturelles. Et je me suis dit que si c'était mauvais pour moi, c'était aussi mauvais pour mon fils, donc dès sa naissance, il a été lavé au plus naturel : liniment, eau, et un peu de savon de Marseille.

Quand mon bébé s'est mis à manger du solide, j'ai commencé à lui acheter des légumes bio. Je cherchais des informations sur Internet, mais à cette époque-là, il y avait bien moins de ressources que maintenant. Le peu de renseignements que je trouvais provenaient de forums d'écolos convaincus et radicaux auxquels je ne m'identifiais absolument pas, je trouvais leur démarche extrême et pas du tout adaptée à mon mode de vie. Alors j'ai continué à **piocher** des infos, mais en sous-marin.

Sur le plan professionnel, j'ai été assistante sociale pendant six ans puis assistante familiale (famille d'accueil) pendant six ans également. J'ai donc acquis une bonne connaissance du public en difficulté, et notamment la compréhension du fait qu'on ne peut pas agir pour une cause, pour la planète, si on n'est pas soi-même stable et en sécurité : va expliquer à une mère célibataire au RSA avec trois enfants que ce n'est pas bien de faire ses courses dans un *hard discount* !

J'ai compris que pour toucher les gens, avoir une démarche toute prête et vouloir la copier-coller sur tout le monde ne marche pas !

Les années ont passé ; en 2014, j'ai décidé d'ouvrir un blog. Comme j'avais déjà bien commencé à cheminer sur la question et que je ne trouvais personne qui me ressemblait sur la toile (= quelqu'un qui ne vive pas en autonomie totale dans une yourte sans électricité), je me suis lancée. J'avais envie de partager mon quotidien de « meuf comme tout le monde », avec une famille, un travail, et une envie de mieux consommer.

Mon blog a rencontré ses lecteurs et j'en suis très heureuse.

C'est alors que j'ai fait la connaissance d'Herveline, blogueuse également, qui traitait des mêmes thématiques. Je te dirais bien que ça a été le coup de foudre amical, ça ferait un chouette *storytelling*, mais en vrai, on a quand même mis un peu de temps avant de réellement pouvoir TOUT se dire.

De notre rencontre est d'abord né, en 2015, un groupe Facebook, « Gestion budgétaire, entraide et minimalisme », qui n'avait alors aucune vocation à prendre un essor exponentiel. On s'attendait à causer budget et écologie de manière un peu pépère avec quelques centaines de personnes. Mais il en a été tout autrement : il s'est développé à la vitesse de l'éclair, et aujourd'hui, c'est un groupe à notre image, un peu foufou, qui parle de situations sérieuses mais sans se prendre au sérieux, un groupe bienveillant peuplé de **licornes** un peu déjantées. Il compte aujourd'hui plus de 160 000 licornes – et un **troll domestique**. Géré par une *team admin* à peu près aussi frappadingue que leurs créatrices, il a fait des petits : une centaine de groupes locaux et à thèmes sont nés spontanément en 2016, gérés eux aussi par des *admin* bénévoles auxquelles nous vouons une reconnaissance éternelle.

En 2018, j'ai pris une grande décision : j'allais faire de la promotion de notre mouvement un métier, et consacrer tout mon temps à lui donner le maximum d'impact. Aujourd'hui, ma vie professionnelle est découpée entre mon blog (« La Salade à Tout »), de la rédaction web, des conférences, l'écriture de livres et la promotion de marques engagées et éthiques.

Herveline

Je m'appelle Herveline mais tu peux, comme beaucoup de monde, m'appeler juste H (ouais, ça fait un peu *Gossip Girls* mais c'est comme ça, mon surnom, c'est H, que veux-tu, on choisit pas ce genre de trucs...).

- En vrai, j'ai trente-neuf ans, mais rarement l'âge mental correspondant.
- J'ai deux enfants de sept et neuf ans.
- Un de mes passe-temps favoris est d'imiter Cristina Cordula *(« Mais siiiiiii Tou es oune ache cherrie ! »)*
- Je suis très joueuse mais je déteste les jeux de société. Sauf le Uno, où je triche sans vergogne.
- Sinon, on dirait pas comme ça, mais dans une autre vie j'ai été psychologue clinicienne, et maintenant je suis assistante de direction.
- J'ai trois signes distinctifs : j'ai un humour très particulier et souvent pipi-caca-style, j'ai des références filmographiques improbables, et je parle couramment le yaourt espagnol. Je préfère te prévenir, tu vas y être confronté.e dès le premier chapitre de ce livre. Mais rassure-toi, tout va bien se passer, **beybey**.

Avant d'avoir mon premier enfant, en 2009, j'étais une consommatrice *addict*. Je travaillais, c'était bien pour me faire plaisir, non ? Autant dire que je partais de très loin. Et puis, lors de ma première grossesse, je me suis sensibilisée aux questions environnementales et j'ai commencé doucement à prendre le virage écolo-responsable.

J'ai ouvert un blog, « Sortez de vos **conapts** », pour raconter ma progression et mes réflexions. Mon loulou s'est baladé en couches lavables et n'a jamais mangé de petits pots industriels. M. Conapts a pris naturellement le même virage.

En 2013, M. Conapts a fait un burn-out. Il a fallu trouver des solutions pour continuer à vivre avec la même sensation de confort, mais avec moins – parfois beaucoup moins – de revenus. C'est à ce moment-là que je me suis spécialisée dans les questions budgétaires et de changement de consommation, et que j'ai rencontré celle qui est rapidement devenue ma moitié de pomme bio, Marie.

Et puis l'année dernière, M. Conapts et moi, on s'est séparés. J'ai été propulsée dans le monde merveilleux des parents solo, dans lequel, si tu n'y prends pas garde, tu finis écrabouillée entre le marteau « sois une mère irréprochable » et l'enclume « n'oublie pas que tu restes une femme ».

Bon, ce n'était pas entièrement nouveau, j'y avais déjà été confrontée à la naissance de mon premier enfant. Dans notre société, il « faut » devenir mère, *mais tout en restant femme*. Pendant la grossesse, tu entends qu'il « faut » continuer la vie intime, alors que tu as l'équivalent d'un pack et demi de lait accroché à ton ventre H24 et un alien à l'intérieur qui fait la java et appuie sur l'estomac, la vessie, ou les deux en même temps.

« Et ça continue, encore et encore. Et c'est que le début, d'accord, d'accord » : quand le bébé arrive, ça devient : « sois une mère parfaite »/« mais reste une femme parfaite ».

Aucune raison que ça change quand tu deviens parent solo. Il *faut* refaire ta vie, rencontrer des mecs, ne pas finir nonne, prendre soin de toi... mais être toujours sur le pont. Être complètement dévouée à tes enfants, mais rester ouverte à la magie d'une rencontre. *Hashtag WTF*. (Ouais, j'ai oublié ce dernier signe distinctif, j'ai une passion bizarre pour les hashtags. Et si tu ne sais pas ce que veut dire WTF, je t'en prie, **écosiaïse** !)

Et puis il y a ce petit truc en plus familier à tous les parents séparés : la culpabilité d'avoir « imposé » ça à tes enfants. Culpabilité qui, souvent, te donne l'envie de compenser et de te lancer dans une surenchère de cadeaux, de disponibilité, d'attention, d'activités, bref, de tout ce qu'il est humainement possible d'accomplir pour être sûr.e que malgré le couteau que tu leur as planté dans le cœur, tes enfants ont quand même tout pour être heureux. Au point de t'oublier et de renier tes propres besoins.

Personnellement, j'ai considéré que mes enfants seraient plus épanouis avec deux parents heureux séparément qu'avec ces mêmes parents malheureux ensemble, je n'ai donc ni culpabilisé ni compensé. Malgré tout, les diverses questions à régler en rapport avec la séparation, ajoutées au quotidien de maman solo, m'ont fait passer très près du burn-out maternel à certains moments, et il est devenu vital au fil des mois que je me pose la question *« et moi, de quoi ai-je besoin ? »*.

Enfin voilà. Entre ça, le tri qu'il a fallu faire dans la maison, la perte de mon **mojo**, mes envies d'achat doudou diverses et variées, la méthode BISOU n'a jamais été très loin de mon quotidien – que je la suive ou que je l'ignore superbement, d'ailleurs.

Digression grammaticale

Dans cet ouvrage, tu auras droit au fameux « .e » ou « .e.s », aka l'écriture inclusive.
Oui, la règle du masculin qui l'emporte sur le féminin nous fait de plus en plus hérisser les **poils de SIF**. En fait, on serait plus adeptes de « c'est la majorité qui l'emporte », donc, si on s'adresse à une majorité de femmes ou qu'on parle d'une majorité de femmes, il nous est de plus en plus naturel d'accorder tout au féminin. Et même si on le déplore, c'est un fait : on sait que notre audience est principalement féminine. MAIS PAS QUE.
Problème : si on accorde au féminin, certains mecs pourraient être tentés de râler, ou carrément de se dire qu'on ne s'adresse pas à eux donc, d'arrêter leur lecture. Bon. Si, nous, en tant que nanas, on avait arrêté de lire toutes les phrases où le masculin l'emportait en prétendant que ça ne nous concernait pas, on n'aurait pas lu grand-chose de notre vie. Et on l'a fait sans se plaindre.
Donc voilà. On a choisi de s'adresser à tout être humain au-delà de la question de son genre, mais doubler les pronoms et les adjectifs à chaque fois pour avoir le féminin et le masculin, c'est relou, et on est quand même des feignasses. En plus, ça alourdit le style : d'où l'écriture inclusive.
Promis, on ne te fera pas le total combo écriture inclusive, qui rend la lecture, même pour nous, un peu difficile, mais on va quand même chaque fois que nécessaire accorder les participes passés et les adjectifs qualificatifs pour les deux genres, histoire de s'adresser à toutes et à tous. (Tu remarqueras, là on l'a pas fait, parce que tou. te.s, c'est compliqué à lire, on t'en fait grâce.)

La méthode BISOU

La rédaction de notre livre *J'arrête de surconsommer!* n'a pas été qu'une partie de « youpi tralala ». Beaucoup de personnes rêvent d'écrire un livre, et franchement c'est une expérience incroyable, mais disons-le quand même : c'est énormément de travail !

En 2016, lors de la rédaction, on avait toutes les deux un travail à temps plein, une famille et des activités bénévoles, dont la gestion de notre groupe Facebook « Gestion budgétaire, entraide et minimalisme ». On se débrouillait pour trouver des créneaux pour écrire et communiquer entre nous, mais parfois, l'inspiration n'était pas en phase avec ces créneaux !

J'arrête de surconsommer! se découpait en trois parties de sept chapitres/jours chacune. Problème : il nous manquait le dernier chapitre de la première partie ! On avait imaginé un test pour que le lecteur définisse quel genre de surconsommateur il était, puis défini cinq profils de surconsommateurs : *il manquait un *% !&*# de 7e chapitre.*

Marie, assise à sa table de salle à manger avec son ordi, s'arrachait les cheveux à essayer de trouver un moyen de lier tout ça. Il fallait un outil qui pourrait aider tout le monde, quel que soit le profil qui serait ressorti du test, une sorte de synthèse.

Et là : illumination !

Herveline était dans sa grande période « acronymes ». Oui, Herveline a des phases bizarres, mais c'est souvent comme ça avec les grands génies incompris.

Bref, Marie s'est dit : et si je trouvais un mot de cinq lettres résumant tout ça ??? Donc elle a cherché, cherché, mais bon, il fallait quand même que ce soit un minimum cohérent. Tout à coup, elle fut frappée par un éclair divin et « BISOU » est apparu : Besoin – Immédiateté – Semblable – Origine – Utilité.

La méthode BISOU, les cinq questions à te poser avant chaque achat. Mais c'est bien sûr, joie et extase dans son cœur... qui ont duré environ trois secondes et demie puisque tout de suite elle s'est dit : « Euh, l'éditeur ne va jamais accepter ça ! »

Concertation fut établie avec Herveline, qui forcément était morte de rire et partante (ce qui n'est guère étonnant, Herveline est toujours partante pour les plans étranges). Si ça n'avait été que H, la méthode se serait appelée quelque chose comme « la méthode PEAUDECOUILLE ». Beaucoup moins vendeur, hein ? *(Mais beaucoup plus fun. Enfin, selon elle.)* Tu te demandes à quels mots les lettres auraient fait référence ? Fais-lui confiance, elle aurait trouvé. *(Elle trouve toujours.)*

Enfin bref, nous avons soumis l'idée à l'éditrice qui, à notre grande surprise, a été partante aussi !

Une méthode qui rend heureux

Grand bien nous en a pris à tous : la méthode BISOU a marqué durablement les esprits ! À chaque fois que nous sommes interviewées, c'est cette méthode qui revient sans arrêt. Outre son intitulé qui attire l'attention, elle est très complète lorsqu'on cherche plus de sérénité et de cohérence dans son rapport à sa propre consommation : nous nous sommes rendu compte après coup que tous les thèmes essentiels pouvaient y être développés.

Elle paraît ludique, mais ne t'y trompe pas : nous allons creuser au fond de toi et décortiquer les phénomènes sociétaux et économiques qui parasitent ta manière de consommer. En revanche, nous n'allons pas utiliser de mots compliqués, car notre intention ici est de te montrer que ta consommation peut te rendre heureux.

Que tu te sentes heureux, apaisé et aligné avec tes valeurs, voilà notre priorité. Nous sommes intimement persuadées que c'est par ce biais que tu pourras changer durablement ta manière de consommer. De là seulement découleront les conséquences vertueuses comme la préservation de l'environnement et l'augmentation de la justice sociale.

T'inquiète, on ne va pas non plus te baratiner avec cette espèce de tyrannie du bonheur actuelle fortement véhiculée par les réseaux sociaux. On n'est pas des gourous de la spiritualité (ou alors des gourous versés sur l'humour pipi-caca, à voir).

- On va te parler de l'importance primordiale de reconnaître tes besoins, de les accepter et de les satisfaire. *Non, ce n'est pas égoïste. Ne commence pas à nous interrompre, s'il te plaît, patience, on en parle plus loin.*
- De l'importance de savoir ce qui est bon pour toi, et pas pour ta voisine ou ta mère. Ou ton patron. Ou la société.
- Bref, on va te parler de toi, TOI, TOI !!!

Notre pari : commence déjà par bien te connaître, prends soin de toi, et le monde se portera mieux ! On nous dit qu'on est dans un monde égoïste, individualiste, eh bien nous, on pense qu'au contraire, chacun ne s'occupe pas assez de ses propres fesses. Il nous faut absolument prendre soin de nous, car ne pas le faire ouvre une grosse brèche dans nos comportements, dans lequel le capitalisme s'engouffre.

L'écologie et toi

Ce n'est pas une manière de penser commune dans le « milieu écolo » aujourd'hui. Si tu cherches des ressources pour avancer dans ta démarche de consommation responsable, tu vas trouver :

- **Mille milliards de trucs et astuces** pour fabriquer tes produits d'hygiène ou tes cosmétiques naturels, pour réduire tes déchets, ta consommation d'énergie, etc. C'est en gros ce qu'on te propose dans notre premier livre *J'arrête de surconsommer* (mais pas que, car sa troisième partie amorce une réflexion bien plus profonde). C'est très bien et c'est très utile, sauf qu'il manquait quelque chose pour vraiment ancrer tout ça solidement.

- **Mille milliards d'études, reportages, statistiques et projections** sur l'état de la planète et du vivant. Spoiler alert *: ce n'est pas folichon, et même s'il ne faut pas se voiler la face, on peut quand même dire que c'est plutôt déprimant. Super déprimant, OK, disons-le clairement.*

Toi, t'es là au milieu de tout ça, en train d'écouter le dernier rapport sur le réchauffement climatique, à regarder ta lingette lavable du coin de l'œil en te demandant si ça en vaut vraiment la peine.

Oui, ça en vaut vraiment la peine, même si ça ne sauve pas directement les ours polaires. Tu sais pourquoi ? Parce que finalement, quel que soit le résultat, tu auras raflé au passage une bonne part de sérénité, de joie, de grandes satisfactions et une meilleure connaissance de ton vrai toi.

Notre ambition

On n'a pas la prétention de te dire que notre méthode BISOU est la seule, l'unique, la meilleure, pour te changer d'un seul coup en un consommateur parfait avec zéro incohérence, et que des millions de personnes t'emboîteront aussitôt le pas pour qu'on aille tous vers un monde merveilleux de parfait équilibre entre notre Terre Mère et nous, ses habitants.

En revanche, on a la conviction que cette approche est indispensable pour pérenniser une démarche de consommation consciente dans nos vies, en complément d'une connaissance lucide de la situation et de la mise en place d'actions très concrètes dans notre quotidien.

D'autres approches existent, et c'est super ! Une approche n'annule pas l'autre. C'est comme le faux débat sur l'efficacité des actions individuelles et des actions collectives : pourquoi comparer, pourquoi opposer ? Et surtout : pourquoi souffrir en se morfondant sur l'état du monde alors qu'on peut faire avancer la cause d'une manière tout aussi pertinente avec le cœur beaucoup plus léger ?

« On n'est pas venu ici pour souffrir, OK ? »

(Prépare-toi, ce livre est gorgé de citations d'intellectuels du XXIe siècle dans la même veine que celle ci-dessus.)

Dernière chose : depuis qu'on se connaît, Herveline et moi, on a développé un lien spécial. Au point qu'on a fini par s'exprimer, comme les jumeaux, dans un langage qui nous est parfois propre. Si tu nous connais déjà via le groupe Facebook « Gestion budgétaire, entraide et minimalisme » ou les blogs, tu dois connaître une bonne partie de nos expressions bizarroïdes, mais pour être sûres que tu nous suives (et que tu te marres encore un peu plus), on t'a concocté un petit lexique que tu trouveras à la fin du livre. Les mots et expressions y figurant sont composés en vert.

Lecture

- Et si tu te disais que la lecture de ce livre allait être l'occasion de passer un moment vraiment agréable ?
- Si tu ne le lisais pas deux pages par deux pages en avalant ton sandwich du midi ?
- Si tu le lisais dans les transports, en laissant de côté ton téléphone, ou confortablement installé.e sur ton canapé, plaid doudou sur les genoux, avec une petite tisane ?

→

On t'emmène avec nous dans notre univers. Un univers de la vraie vie, avec son lot d'émotions, de joie, d'émerveillements, de déceptions, de tristesse et de colère. Un univers d'êtres humains imparfaits qui font de leur mieux, quoi !
Bienvenue !

B

comme Besoin

Par Herveline, la fashionista du hashtag pourri

L’abus de consommation responsable rend heureux

L’abus de consommation responsable rend heureux

L’abus de consommation responsable rend heureux

L’abus de consommation responsable rend heureux

Mise au point : le contresens du B de Besoin

AAAAARRGH, voilà qui va me faire du bien ! Depuis que la méthode BISOU vole de ses propres ailes, ce qui, bien sûr, est une très bonne chose, Marie et moi *(enfin surtout Marie, et de nombreuses licornes très au point sur la question, thx girls)* sommes confrontées à l'eNFeR dE La RéPéTiTioN. Pour nous, le monde entier est devenu un enfant de trois ans. *#enferetdamnation #jexagèremoi ?*

Parce que vois-tu, ce B de Besoin, il a fait très souvent l'objet d'un énorme contresens : « B comme Besoin, ai-je vraiment besoin de cet objet ? » a-t-on pu lire un peu partout sur le net et entendre sur les ondes. À chaque fois qu'on lit ça, nos cheveux (et nos **poils de SIF**[2]) se mettent à **frisouter**, nos ongles à crisser, nos dents à grincer, bref je ne vais pas plus loin, tu as compris le principe : ça finit par nous **poutpouter méchamment le youhou.**

Si réellement la question était « ai-je vraiment besoin de cet objet ? », pourquoi se serait-on embêtées à mettre un S ou un U ? Si l'objet dont tu as envie est inutile, ou si tu as trente objets semblables, il est évident que tu n'en as pas vraiment besoin, non ?

En réalité, la vraie question posée par ce B, c'est « à quel besoin cet achat répond-il ? ». Et l'exemple star, c'est l'achat doudou, parce que tu vois tout de suite où on veut en venir : **prendre du recul par rapport à la pulsion d'achat et réfléchir à ce qui la motive**.

Cette question ne nécessite pas obligatoirement de prise de décision.

2. Sillon InterFessier, on a la classe ou on l'a pas, si tu veux en savoir plus, consulte le lexique.

Il n'y a pas de bons et de mauvais besoins, tes besoins sont là et ils ne surgissent pas pour rien : tes besoins ne sont pas le problème. Le problème, c'est que le marketing les utilise pour te faire consommer encore et encore. Le vrai challenge, c'est de ne plus être dupe de tout cela afin de trouver un autre moyen, probablement plus efficace que la (sur)consommation, pour y répondre. Parfois ça sera possible. Parfois ça ne le sera pas. Parfois tu auras envie de dire « et FUCK ! », et ça sera OK.

Ça sera OK, tu sais pourquoi ? Parce que quand on voit clair dans son propre jeu mais qu'on n'en est pas encore au stade de faire autrement, le plaisir de l'achat n'est déjà plus le même : c'est le premier pas vers une autre manière de répondre à ses besoins. Et c'est pourquoi ce premier pas est le plus important de tous.

Tes besoins te sont propres, je ne suis pas dans ta tête et je n'ai pas la prétention de penser que ce que je raconte a une valeur universelle. Aussi je vais te faire confiance pour transposer ce qui te parle à ta propre vie, mettre de côté ce qui ne te parle pas, et adapter tout ça en fonction de ton propre chemin. *You're the boss !*

Comment fonctionnent les stratégies marketing ?

Mes parents, quand j'étais petite *(que ça soit clair entre nous : celui qui me rétorque que je le suis toujours se prend une mornifle)*, étaient farouchement antipublicité. Ils avaient une devise : « Si on voit une publicité, c'est qu'il ne faut pas acheter ».

Leur raisonnement était celui-ci :

- S'il y a besoin d'en faire de la pub, c'est qu'il y a besoin d'attirer notre attention sur cet objet/aliment.

- C'est donc qu'on n'y aurait pas pensé tout seul.
- C'est donc qu'on n'en a pas l'utilité.
- Parce que quelque chose d'autre fait très bien le job – voire mieux, de manière plus simple, plus pratique, moins nocive, etc.
- Et que donc, le but de la marque est de se remplir des poches grâce à un truc inutile pour nous.

Il y avait aussi l'idée – c'était il y a trente ans et les sollicitations publicitaires étaient beaucoup plus réservées aux grands groupes – que si la marque avait déjà suffisamment d'argent pour se payer une campagne de pub, elle n'avait pas besoin de notre argent en plus pour vivre.

Je me suis donc toujours méfiée des stratégies marketing – merci maman, merci papaaaaaaa –, et si ça ne m'a pas évité de plonger dans le consumérisme à un moment de ma vie, ça m'a au moins donné des clés pour m'en sortir.

Car ils avaient raison : globalement, que fait le marketing pour te faire acheter ?

1. Il attire ton attention sur ce que tu n'as pas ou sur ce que tu n'es pas ;
2. il t'explique pourquoi tu devrais l'avoir ou l'être ;
3. il te propose une solution pour remédier à ce manque QU'IL A CREUSÉ CHEZ TOI.

En revanche, ce que le marketing ne fait surtout pas :

1. attirer ton attention sur ce que tu as déjà ou sur ce que tu es déjà ;
2. t'expliquer à quel point ce que tu as te suffit pour vivre confortablement et à quel point tu es une belle personne, avec beaucoup de valeur et de valeurs ;
3. ... Du coup, pas de 3, t'as vu ? MAGIIIIIIIIIIIIIE !

Concrètement, pour réaliser ce tour de passe-passe, les marketeurs se basent sur l'impulsion presque physiologique de l'être humain à répondre à ses besoins. On a tous des besoins divers et variés, qui sont normalement comblés par des choses plutôt accessibles dans nos sociétés occidentales : une alimentation variée, des relations sociales saines, un alignement entre ce qu'on veut avoir/être et ce qu'on peut avoir/être. Dès lors, comment t'amener à consommer au-delà de ton besoin ? En grossissant tes manques, tes peurs, tes complexes et tes failles, et en te proposant des pansements éphémères en te faisant croire que cette fois-ci, c'est un traitement de fond.

Liste non exhaustive des failles que le marketing exploite chez toi

Ta dépendance au système de consommation

Pour rester en vie (rien que ça !), ton corps a besoin que tu satisfasses ses besoins physiologiques de base. Le marketing exploite donc le fait que tu es OBLIGÉE.E de répondre à ces besoins, et que tu es donc dépendant.e de lui pour ta survie. *Quelle aubaine !!*

Il en profite pour te faire gober que ses produits éphémères, jetables et nécessitant un achat répétitif te feront mieux remplir ces besoins, de manière plus pratique, plus confortable, plus rapide ou plus sexy. Et s'il peut en plus englober tout ça dans un *storytelling* digne d'un conte de fées, il ne se gêne pas !

Exemples : les protections hygiéniques jetables et les plats préparés. Ces deux types de produits se sont développés au milieu du siècle dernier sur le dos de la libération de la femme : permettre aux femmes de se libérer d'une partie de leur charge quotidienne pour travailler ou faire des choses pour elles-mêmes : quel altruisme de la part des industriels ! Oui, mais à quel prix ? Celui d'un risque non négligeable sur la santé, puis que les pesticides et perturbateurs endocriniens qu'ils contiennent sont très loin d'être sans danger, et celui d'une dépendance financière, non plus aux hommes, mais au marketing.

Parce que d'autres choix auraient pu être faits pour accompagner cette révolution majeure qu'est la libération de la femme : développer d'emblée des protections réutilisables mais tout aussi pratiques que les jetables, ou encore accompagner concrètement un changement de mentalité des hommes concernant le partage des tâches ménagères, le soin des enfants, le travail. (Je te rappelle que soixante-dix ans plus tard, une majorité de femmes n'est toujours pas totalement sortie des ronces concernant ces questions.)

Au lieu de cela, on a proposé aux femmes des alternatives les rendant dépendantes d'achats répétitifs, les amenant à dépenser pour leurs besoins primaires l'argent qu'elles s'étaient battues pour gagner. Ironique, n'est-ce pas ? Voilà comment **l'industrie a détourné pour son propre compte une des révolutions les plus importantes du siècle dernier**.

Ta peur de l'inconnu, de la mort

L'être humain a des réflexes de protection et de survie de l'espèce qui se sont construits au long des millénaires. Dans notre pays et à notre époque, nous vivons globalement en sécurité, mais l'angoisse archaïque demeure ! On pourrait s'interroger sur l'exploitation de cette peur dans la surconsommation d'armes à feu dans certains pays. Ou tout simplement, même ici en France, par l'exploitation de cette peur dans les stratégies de communication de certains partis politiques… Eh oui, c'est le lit de toutes les dérives identitaires, voire xénophobes, la fameuse « peur de l'étranger » !

Ta peur de manquer

Pas besoin de remonter tellement loin : nos grands-parents ont connu la guerre et ont transmis certains schémas de pensée à leurs enfants puis petits-enfants. L'industrie l'active quand elle incite au stockage, par des stratégies de vente en gros et de promotion : on croit faire des bonnes affaires et se prémunir « au cas où » *(au cas où quoi ?)*, et en réalité on s'enferme dans un comportement de surconsommation. Marie te l'expliquera en détail dans le **chapitre I sur l'immédiateté** !

Ton perfectionnisme

On a besoin d'un quotidien qui se répète, de repères temporels et organisationnels pour soulager notre charge mentale. Le marketing joue donc sur ton degré de perfectionnisme pour exacerber ce besoin, et du coup, loin de soulager ta charge mentale, il ne fait que l'alourdir ! *C'est le serpent qui se mord la queue.*

Ta peur du rejet, de l'abandon (aka l'abandonniquesamère)

Pour exploiter ta peur du rejet et de l'abandon, le marketing exacerbe sans vergogne tes complexes les plus enfouis. D'ailleurs, tes complexes, ils viennent d'où ? De l'idéal véhiculé par… les publicités. La boucle est bouclée. Eh oui, le marketing appuie là où ça fait mal en valorisant des images très déformées de la réalité. Il te colle des complexes là où il ne devrait pas y en avoir pour te vendre des produits censés « t'aider à les surmonter » *(sais-tu à ce sujet que la cellulite comme « problème » est une pure invention, créée juste pour... te vendre des crèmes anticellulite ?)*. À quand des publicités mettant en scène systématiquement des êtres humains dont les mensurations se rapprochent davantage de celui du commun des mortels ?

Ton manque de confiance en toi, le rapport à ton image

Un jour, un célèbre publicitaire, très proche d'ailleurs de la sphère politique (j'dis ça, j'dis rien), Jacques Séguéla, a dit : « Si à cinquante ans on n'a pas une Rolex, on a quand même raté sa vie. » Le fait que cela soit un « grand » publicitaire qui ait prononcé cette phrase n'est pas anodin : ce sont ces mêmes publicitaires qui, à travers les stratégies de communication qu'ils créent pour les marques, fixent les standards de réussite *à ta place* : niveau de salaire, nombre de chiottes et de salles de bains dans ta maison, type de voiture, produits « de luxe ».

Leur but ? T'ancrer dans la tête que ce que tu souhaites, c'est pouvoir un jour acquérir ces produits. Genre le but de ta vie, c'est pas d'accomplir quelque chose de chouette, mais de pouvoir *montrer* que tu as réussi *(quoi ? on s'en fout pas mal)*. Cet accent mis sur l'image de la réussite et non sur sa qualité n'est pas innocent : ils parient sur le fait qu'à défaut de réussir *vraiment*, tu vas foncer sur les ersatz de tous ces produits de luxe et miser sur l'image que tu renvoies.

Quand tu as confiance en toi et quand tu sais ce que tu vaux, tu as moins besoin de l'approbation de l'autre, en gros, tu te fous pas mal de son avis. Et c'est tant mieux, car tu es ainsi moins perméable à ce type de stratégies marketing : la compensation du manque de confiance en toi par l'image.

Sauf que dans notre société, avoir conscience de sa propre valeur est très mal vu. Il faut être modeste, sinon on est prétentieux, et c'est mal. Attention, me fais pas dire ce que je n'ai pas dit : pas question d'écraser tout le monde par excès d'arrogance et de suffisance en mode « tais-toi, je parle et je suis le meilleur ». C'est juste qu'**accepter d'avoir une valeur est extrêmement important**.

Ta peur de la solitude

Entre les statistiques de l'infidélité et celles des divorces, les relations amoureuses sont en berne et le marketing en profite ! Je suis aux premières loges en ce moment avec mon statut de célibataire trentenaire : grâce aux sites de rencontre, on arrive à littéralement monnayer (et encore plus si tu es un homme) ta peur de la solitude. Combien es-tu prêt.e à débourser pour ne pas finir seul.e ? Ta peur est mise aux enchères : *quel cynisme* ! Adopte[3] d'ailleurs, champion dans le domaine, a même sans complexe calqué le fonctionnement de son site sur celui d'un supermarché, reflet du business de l'amour dans lequel on est pris.

Ta culpabilité

Le marketing exploite aussi ta culpabilité de ne pas trouver assez de temps pour tes proches. Il te prémâche toute une série de journées spéciales où tu es heureux de pouvoir te rattraper : la fête des grands-mères, des mères et des pères, la Saint-Valentin, etc. C'est le gigantesque business du cadeau ! Je n'en parle pas plus ici car je vais lui faire un sort au **chapitre S**.

3. C'est-à-dire « Adopte un mec ».

Ton sentiment d'impuissance

Tu te sens concerné.e par l'environnement mais tu es complètement noyé.e dans l'impression qu'à l'échelle individuelle, tu ne peux pas être utile pour changer les choses ? *(Dans cette phrase, tu peux remplacer « environnement » par toute cause qui te tient à cœur : bien-être animal, féminisme, discriminations, travail des enfants, violences conjugales...).*

EXERCICE PRATIQUE

Essaye de déterminer à quel *besoin* (colonne de gauche) correspond la *faille* (colonne de droite) que le marketing exploite chez toi en reliant les points (plusieurs réponses parfois possibles !)

Besoin de propreté •	
Besoin d'hydratation •	• Obligation de remplir ce besoin
Besoin d'équilibre alimentaire •	• Peur de l'inconnu, peur de la mort
Besoin de protection du danger physique •	• Peur de manquer
Besoin de stabilité •	• Perfectionnisme
Besoin de possession •	• Peur du rejet, de l'abandon
Besoin d'avoir une maîtrise sur les événements •	• Manque de confiance, image défaillante
Besoin d'estime de l'autre •	• Culpabilité
Besoin affectif •	• Peur de la solitude
Besoin d'appartenance à un groupe •	• Sentiment d'impuissance
Besoin d'estime de soi et de réalisation de soi •	

Eh bien, les entreprises misent précisément sur cette culpabilité que tu ressens face à ton incapacité à agir pour des causes qui te sont chères. Elles mettent en place une stratégie de compensation en t'incitant à acheter des produits verts pour compenser ton incapacité à agir directement sur l'environnement. Bonne ou mauvaise chose ? Tu sauras tout en lisant le **chapitre U**, mais en tout cas, c'est pour cette raison que Marie et moi avons choisi de segmenter cette cause en objectifs concrets à la portée de toutes et de tous !

De l'importance des besoins affectifs

Revoir ses priorités

On a souvent, pour ne pas dire toujours, tendance à placer les besoins physiologiques au premier plan. Et pour cause, du fait de leur caractère vital, ils sont les tout premiers à devoir être remplis : si tu n'as pas accès à un minimum de nourriture et d'eau potable, ou si tu es sur Mars et que tu sors sans ta combinaison spéciale à oxygène, tu vas te retrouver comme Schwarzie dans *Total Recall* à gonfler de la tête au point d'avoir les yeux qui sortent des orbites ; tu ne pourras pas raisonnablement espérer remplir tes besoins de sécurité, d'amour ou de reconnaissance, et ton besoin d'accomplissement deviendra un peu le cadet de tes soucis. Tu vois l'idée.

Au contraire, tes besoins affectifs ne sont pas considérés comme vitaux. C'est vrai qu'a priori, tu ne vas pas mourir au bout de quarante jours de célibat, tandis que ta survie n'est pas garantie au bout de quarante jours de privation de nourriture.

Cette dichotomie est telle qu'elle nous amène à résumer nos besoins aux besoins primaires, les nobles, ceux avec un grand B. Les autres besoins sont réduits à des caprices.

Voilà pourquoi, quand le B de BISOU est mal présenté et relié à la question « ai-je vraiment besoin de cet objet ? », le risque est de considérer que finalement, si on va au bout de la méthode, on ne devrait avoir besoin de rien en dehors de manger (*le strict nécessaire à notre survie*), dormir, évacuer, respirer, avoir un toit sur notre tête et du tissu sur notre peau (*en hiver*).

« Ai-je vraiment besoin de cette pince à cheveux ? Je ne peux pas la manger ni m'essuyer les fesses avec, elle ne va pas me réchauffer ni m'offrir un habitat, donc non. »

Du coup, qu'arrive-t-il ? Dans un premier temps, tu augmentes ton perfectionnisme, tu te prives de tout plaisir, et dans un second temps tu finis par te dire que c'est de la merde cette méthode et qu'elle est beaucoup trop extrémiste pour toi. Et pour cause, de cette manière, rien ne passe la barre du B à part les carottes *(bio)*, le PQ *(écologique)* et trois fringues *(achetées chez Emmaüs)*. **Je te le dis tout net : tout ceci est un énorme contresens.**

Oui, les besoins primaires sont absolument impératifs. Pourtant, je suis sûre qu'au fond, tu *sais* que tes autres besoins méritent eux aussi d'être écrits avec une majuscule parce qu'ils sont tout aussi importants pour toi, et tu sais quoi ? *Tu as raison.*

La terrifiante expérience de Harlow

Comme l'être humain a besoin qu'on lui prouve que ce qu'il ressent au fond de lui est scientifiquement prouvé, cela a été démontré par une terrifiante expérience de privation affective et sensorielle sur des macaques, expérience que, tu t'en doutes, je ne cautionne pas du tout : l'expérience de Harlow.

Harlow était un psychologue américain cherchant à illustrer l'importance de l'accompagnement affectif chez les nouveau-nés. Pour te remettre un peu dans le contexte, à cette époque, on considérait que les enfants n'avaient pas besoin de contacts affectifs et que, telles des plantes, ils « poussaient » tant que leurs besoins primaires corporels étaient remplis. Cela donnait lieu, en particulier dans les orphelinats, à des pratiques extrêmement maltraitantes que cette expérience, même si elle me heurte au plus profond de moi-même, a de fait contribué à faire régresser.

Dans cette expérience en plusieurs actes, de jeunes macaques étaient séparés de leur mère et placés en isolement total dans de tout petits espaces avec deux substituts maternels : une grille où était placée une source de nourriture, et une peluche ressemblant à un de leurs congénères, mais qui n'avait aucune nourriture à offrir. Les petits macaques préféraient se blottir contre la peluche, quitte à ne se nourrir que très succinctement : ces jeunes animaux faisaient passer en premier leurs besoins affectifs.

Harlow a poursuivi ses recherches en supprimant la peluche et a constaté une altération très nette des comportements, allant jusqu'à la catatonie, le refus de s'alimenter, et pour beaucoup la mort. Le plan macabre d'expérience de Harlow ne s'est pas arrêté là mais la suite n'étant pas utile à ma démonstration, je te fais grâce de la cerise sur le Kloug.

Surconsommer dans tous les sens du terme

La macabre expérience de Harlow montre que si les besoins primaires sont essentiels au fonctionnement de notre organisme, donc à notre vie, ils ne sont correctement remplis que si les besoins affectifs et sociaux le sont en parallèle.

Inutile donc de culpabiliser si tu accordes une grande importance à la satisfaction de tes besoins dits « secondaires » : il est tout aussi primordial de les entendre et de les comprendre que de manger ou de respirer.

Ils sont même d'autant plus importants que la surconsommation n'est pas qu'une affaire d'objets : pris dans cette dynamique très largement portée par notre société moderne d'instantanéité et d'abondance, on en arrive presque systématiquement à se surconsommer et à surconsommer l'autre. Sans parler de se faire surconsommer par d'autres !

Se surconsommer

Peut-être te reconnais-tu dans l'une des situations suivantes :

- Être (bien trop ?) exigeant.e avec soi-même.
- Vouloir une maison parfaite à tout moment de la journée.
- Rentrer dans du 36/38.
- Ne jamais être en retard pour quoi que ce soit.
- Être un parent et/ou un.e conjoint.e parfait.e.
- Trouver un job avec un salaire permettant de te payer des vacances tous les ans.
- Penser à TOUT en te disant : « Je n'ai pas le choix. »

Bref. Se surconsommer, c'est s'imposer une charge mentale de ouf et un idéal qui va bien au-delà de ce qui est nécessaire pour assurer une vie de tous les jours qui tourne convenablement, parfois jusqu'au burn-out. On parle beaucoup du burn-out professionnel, mais sur le même modèle, il existe aussi des burn-out parentaux, par exemple !

Surconsommer l'autre

Surconsommer l'autre, c'est l'épuiser par notre comportement et notre façon de penser.

Attendre de lui des milliards de choses dont il n'a même pas conscience parce qu'on ne sait pas comment les lui demander, voire qu'on ne veut pas les lui demander (bah oui, on aimerait qu'il les devine, là ce serait un autre réellement parfait, haha !). Je suis sûre que tu souris parce que ça t'est déjà arrivé. Inutile de te flageller, hein, ça nous est tous arrivé. Le fantasme d'un autre parfait, parfaitement exempt de défaut, qui lirait en nous comme dans un livre *(ouvert,* of course, *pas que la couverture !)* a la vie dure. Bon, moi je dis : à la longue ça serait chiant. Il y a matière à débat, mais ce n'est pas le sujet : cet autre parfait qu'on attend n'est autre que le reflet de notre exigence de perfection envers nous-même.

La perfection n'existant pas, on peut toujours attendre. *J'dis ça, j'dis rien.* Du coup, surconsommer l'autre, ça peut aussi être essayer de le transformer pour qu'il soit parfait pour nous au lieu d'essayer de l'accepter (ou pas, du coup !) tel qu'il est. La prochaine fois que ça t'arrive, demande-toi si l'histoire de Cendrillon aurait eu le même succès si le prince avait *exigé* que les nénettes se coupent les gros orteils et/ou les talons pour pouvoir l'approcher. Parce que bon... finalement, c'est un peu le même principe. On va y revenir.

Se laisser surconsommer par l'autre

Tu noteras que j'ai volontairement écrit *se laisser* surconsommer par l'autre, et non *se faire* surconsommer par l'autre. Après tout, dans le conte des frères Grimm, les sœurs de Cendrillon se coupent *volontairement* le talon pour faire entrer leur pied dans la pantoufle. Rien ne les y oblige hormis leur désir d'exister aux yeux du prince.

Ça te paraît bizarre ? C'est pourtant ce qu'on fait, toutes et tous, régulièrement au cours de notre vie. Parce que se laisser surconsommer par l'autre, c'est laisser la société avoir une prise sur notre vie et notre charge mentale, nous dicter le niveau de perfection que l'on « doit » atteindre, à la maison, au travail, et même en vacances.

Finalement, se laisser surconsommer par l'autre, c'est aussi se laisser prendre dans des relations épuisantes, complexes, et qui ne nous rendent pas si heureux que ça. C'est s'oublier soi-même pour entrer dans le moule de quelqu'un d'autre, par exemple de peur de se faire rejeter.

Inutile de te dire que si tu as une tendance naturelle à te surconsommer, tu es le/la candidat.e idéal.e pour te laisser surconsommer par l'autre...

Mais dis-toi une chose : le prince, lui, n'en a rien à carrer que les sœurs se coupent ou non le talon. Il ne leur demande rien, il cherche juste une nana qu'il a croisée une fois en teuf et qui chaussait du 34. Finalement, que se passe-t-il si on décide de s'écouter et de suivre notre propre chemin ? Si on décide que *fuck* le 34, on est belle avec notre 38 ? Rien. OK on passe à côté de CE prince, mais est-ce vraiment une perte puisque dès le départ, ce n'était pas nous mais l'autre connasse de Cendrillon qu'il recherchait ? Je te le dis : tu risques juste de t'ouvrir la possibilité de rencontrer des gens qui te verront et t'accepteront tel. le que tu es.

Tu l'as compris, il y a dans la surconsommation affective et sociale la même composante d'épuisement des ressources que dans la surconsommation d'objets. Dans un cas ce sont les ressources planétaires, dans un autre tes propres ressources mentales, mais finalement, le processus est globalement le même. Et étant donné l'évolution sociétale fulgurante du siècle dernier, je serais tentée de dire que la surconsommation d'objets s'est construite sur la base de la tendance à la surconsommation humaine.

C'est pourquoi apprendre à réguler ta tendance à la boulimie affective et sociale, c'est aussi apprendre à réguler ta boulimie d'objets.

Penser à soi n'est pas un gros mot !

Pense à toi, tu penseras aux autres

Je ne suis pas en train de dire que tu as tout faux et que tu es le/la seul.e responsable de ta charge mentale (il manquerait plus que ça !), mais qu'une fois qu'on a compris que finalement, une bonne partie de ce qu'on s'impose n'est pas utile, alors il devient beaucoup plus facile de s'alléger !

Avec Marie, c'est un sujet qui nous tient à cœur, et d'ailleurs dans l'intro, elle ne t'a pas dit toute la vérité : quand on a pour la première fois évoqué l'idée d'un petit deuxième, le titre était *J'arrête de me surconsommer* mais il était accompagné du sous-titre provisoire *21 jours pour dire* fuck *au monde entier*.

On a tous des besoins, des envies et des désirs. Et c'est normal, après tout, on n'est pas des robots ! Et il est très important de les accueillir, ces besoins, et même de penser à soi.

Pas question pour moi de te faire une apologie de l'égoïsme et de l'individualisme : c'est plutôt l'inverse !

Je t'explique :

Marie, me voyant dépérir à vue d'œil, m'a souvent dit, et j'ai mis énormément de temps à le prendre en compte : « Tu es en avion avec ton enfant. Si la situation devient critique et que les masques à oxygène se libèrent, que fais-tu ? » Le réflexe est de sauver l'enfant, donc, la réponse immédiate est : je mets d'abord le masque à l'enfant. NIT NIIIIIIIT, réponse fausse, *game over* ! Il faut d'abord mettre TON masque. Parce qu'une fois mort, tu n'aideras plus personne. *CQFD.*

Bah oui. Sans doute détestes-tu l'idée d'être égoïste et de te faire passer en premier, mais c'est pourtant indispensable de TE prendre en compte aussi pour prendre correctement soin de ceux qui te sont chers.

INTERLUDE

Trouve les intrus dans cette petite liste non exhaustive des gros mots les plus fréquemment entendus :

- Putain
- Merde
- Fais chier !
- J'ai envie de penser à moi.
- Connasse !
- J'ai besoin de prendre soin de moi.
- Tu es chiant.e !
- Bordel !

Quand le sacrifice de soi mène à la surconsommation...

C'est tout de même très paradoxal : on vit dans un monde qui pousse toujours plus à l'individualisme mais qui enjoint dans le même temps à s'oublier au profit de ses enfants, de ses proches, de ses amis !

Mais que se passe-t-il quand tu te sacrifies toujours plus alors que tu es envahi.e de sollicitations qui te poussent à croire que la satisfaction de chacune de tes envies est à portée de main ?

1. Tu rêves d'être riche. Eh oui, qui ne s'est jamais dit « Si j'étais riche... » ? Conditionné.e à penser que le bonheur passe par des objets, tu en arrives naturellement à penser que l'argent est la clé.
2. Tu t'enfermes dans le travail... et tu en arrives au fameux « travailler plus pour gagner plus ». Ou alors ce n'est pas possible et tu deviens aigri.e contre cette société qui ne te reconnaît pas à ta juste valeur. Résultat, tu as encore moins de temps pour tes proches, tu culpabilises encore plus, tu prends encore moins en compte tes propres besoins, envies et désirs, et tu compenses par des achats.
3. Tu te tournes vers l'industrie *ultracheap*... qui est aussi, mais tu le sais déjà, ultrapolluante et reine de l'exploitation : je te renvoie au chapitre 19 de notre premier bouquin qui te démontre qu'en soutenant cette industrie par tes achats, c'est ta propre exploitation que tu favorises !
4. Tu es toujours plus malheureux.se ! Et le pire, c'est que tu ne t'en rends pas forcément compte ! **#TerminatorMode**
5. Tu te noies dans l'insatisfaction, la tristesse, la compensation, la rancœur et la frustration, qui sont des moteurs puissants de surconsommation : coucou l'achat doudou ! D'un coup tu craques et tu TE FAIS PLAISIR, **BERDOL** !

... c'est l'industrie qui profite !

Et donc, à qui profite le crime ? Où va ton argent ? Il part enrichir tout plein de gens qui font de ton mal-être leur business.

Eh oui, le marketing base une grande partie de ses stratégies de vente sur la compensation.

Mauvaise journée, mauvaise humeur, culpabilité de ne pas être un assez bon parent, un assez bon conjoint, cerveau à la limite d'exploser tellement la charge mentale est intense, manque de temps et de moyens pour atteindre notre idéal de perfection... On a besoin de réconfort et les industriels le savent bien : c'est là que se pointe le célèbre achat doudou.

Irréfléchi par nature, il t'appelle telle une sirène sur son rocher, te faisant croire qu'une fois ton pot de glace avalé, ton nouveau make-up posé, ton nouveau jean enfilé, TOUT IRA MIEUX DANS TON PETIT MONDE. Peu importe si ton achat cache des conditions de travail déplorables ou des monocultures détruisant la forêt amazonienne : dans ta tête clignote un grand néon fluorescent : N.E.E.D.

Est-ce que cet objet te fera aller mieux *durablement* ? Même pas, j'en mets ma main à couper. Peux-tu citer un seul achat qui t'a réconforté pour des siècles et des siècles ? Qui t'a fait repartir définitivement du bon pied, qui t'a réconcilié.e pour de bon avec toi-même, qui a fait que tu es enfin devenu.e le toi de tes rêves ?

D'où l'utilité de te demander à un moment donné quelle est la vraie raison de cette tension que tu ressens au fond de toi et qui te pousse à acheter, que ce soit pour toi ou pour ton conjoint, tes enfants, tes amis, tes collègues !

Surconsommation et effet yo-yo

Eh oui. Quand on y réfléchit, c'est un peu le même mécanisme que les régimes alimentaires, tout ça.

Que tu sois une femme ou un homme, il y a statistiquement beaucoup de chances pour que tu rêves plus ou moins secrètement d'être mince, parce que les standards de la société présentent des êtres humains sveltes et sans cellulite. Mais d'un autre côté, la tentation est féroce : les magasins sont remplis de nourriture sucrée, calorique, transformée, qui fait inexorablement grossir. D'un côté, les magazines disent « Sois mince pour trouver l'amour », et de l'autre, les pubs hurlent « FAIS TOI PLAISIR » *#legrascestlavie*.

#BUG.

Et donc :

1. Tu te fais plaisir avec des produits *cheap* parce que tu n'as pas les moyens d'acheter des produits sains.
2. Ton corps te rappelle que ce n'est pas une bonne idée.
3. Tu tentes périodiquement de réguler ta consommation de nourriture en aval en te privant de tout ou partie de ce qui te fait le plus plaisir à un instant T, tu t'enfermes dans des régimes divers et variés.
4. Le résultat n'est presque jamais à la hauteur de tes efforts et tu te sens toujours plus malheureux.se.
5. Du coup, tu craques et TU TE FAIS PLAISIR, **BERDOL** ! Et bim, tu t'enfiles une tablette de chocolat, ou un pot de B&J *cookie dough*, ou un big apéro... Et tu fais le fameux yo-yo.

C'est exactement pareil pour la surconsommation : tant que tu traites le problème en aval, c'est-à-dire *après* l'étape « envie irrépressible », tu te retrouves à faire le yo-yo : culpabiliser, te restreindre, trouver que la vie est fade, craquer.

Et si tu prenais le problème à rebrousse-poil ?

Je te propose de considérer, au moins le temps de la lecture de ce livre, que la plupart du temps, en matière de consommation liée aux besoins affectifs, les objets sont des leurres et qu'il est possible de traiter le problème en amont.

Du coup, voilà le deal que je te propose, là, maintenant, tout de suite : prendre le problème à rebrousse-**poils-de-SIF**.

Au lieu de traiter le problème de surconsommation en aval en te restreignant comme pour un régime, je te propose de le traiter en amont et de t'entraîner à repérer tes besoins et à inventer de nouvelles manières de les satisfaire. Dès que c'est possible, bien sûr. Je ne te dis pas que tout pourra se solutionner avant que l'envie irrépressible ne débarque, et dans ce cas : *no problemo*, passe aux lettres suivantes de la méthode BISOU !

Traiter ta surconsommation en amont : *You're the boss !*

Oui, tu as bien lu : c'est toi le patron. Certes, tu ne peux pas tout contrôler, mais certaines choses sont à ta portée, comme :

- Ce que tu acceptes et ce que tu refuses.
- Ta manière d'accueillir tes ressentis.
- Ce que tu en fais.
- Et ce que tu apprends de chacune de tes expériences, et par là je veux dire : ce que tu peux mettre en place pour vivre mieux les choses si elles se présentent à nouveau.

Pour illustrer mon propos, je te propose une petite anecdote.

C'était en pleine promo de notre premier livre. On découvrait les coulisses des émissions radio, avec Marie, et on apprenait sur le tas. Un jour, on était invitées à une émission radio. Marie avait 6 heures de Flixbus pour arriver et autant pour repartir, et moi, je commençais à arriver au bout de mes jours de congés, donc je venais à Paris pour la demi-journée :

> bosser le matin, prendre le train ric-rac de 12 h 23, courir dans le métro pour arriver à l'heure à la radio, reprendre le train ensuite. Et ce jour-là, j'étais épuisée, j'avais mal au crâne, j'avais passé une matinée pourrie, bref, je n'étais pas d'humeur *warrior*.
> On s'installe, déjà les casques étaient réglés super fort et on n'a pas osé demander de baisser le son, il est apparu que les deux animateurs n'avaient visiblement pas lu grand-chose de notre bouquin, et on s'est retrouvées à devoir répondre à tout un tas de questions qui n'avaient rien à voir avec la **choucroute**. Quelle est la lessive préférée des Français, par exemple (réponse de Marie : « On s'en fout ! »).
> La palme de la question WTF est revenue à la suivante : « Et pour les régimes ? Non parce que je vois que Marie est très mince, donc... *(Il regarde son collègue.)* C'est vrai hein, elle est vraiment mince ! » *(Il fait des vagues symétriques avec ses mains pour mimer une silhouette de Marilyn.)*

YEAH.

Deux animateurs hommes, avec deux femmes à interviewer. Ils leur parlent de lessive et de régime : le cliché est monstrueux, bien évidemment les questions auraient été fort différentes si nous avions été des hommes. Sincèrement, j'aurais dû me lever et partir, même en plein milieu de l'émission. Mais vu mon état de fatigue, je me suis juste sentie comme un boxeur acculé dans un coin du ring, à attendre que les coups cessent de pleuvoir : j'ai subi.

La nuit suivante, j'ai fait un rêve : ces mêmes animateurs me tendaient un paquet de gâteaux apéro en me demandant ce que je pensais de la nouvelle forme des biscuits. Je ne comprenais pas le rapport avec la choucroute. Au réveil, j'ai appelé ça « la **question Curly** » et c'est resté : on ressort le terme à chaque fois qu'on nous pose une question qui n'a rien à voir avec notre propos.

Depuis, avec Marie, on a appris, et on a réfléchi. On s'est dit qu'en cas de question Curly, on pouvait riposter en proposant une **réponse Mélenchon** ou encore une **réponse Luchini**... Mais c'est une autre histoire.

Ce que je voulais te montrer, c'est que ce jour-là, on n'a pas osé dire non, mais on s'est vraiment rendu compte qu'il fallait qu'on apprenne à le faire.

Certes, les animateurs ne nous avaient pas respectées, ils n'avaient pas lu le livre et ne s'étaient pas intéressés au message qu'on avait envie de faire passer.

Mais au-delà des animateurs, qu'on n'aurait de toute façon pas pu changer, celles qui n'avaient pas respecté notre besoin d'être respectées et reconnues pour notre travail, c'était... nous-mêmes.

Quand je te parle de traiter tes besoins en amont et non plus en aval dès que possible, c'est exactement ça : en sortant de la radio, je me suis sentie en colère, mais surtout nulle. J'ai eu envie d'un pain au chocolat, d'une clope, d'un bon verre de vin (et même de plusieurs !!!), bref, le bon besoin doudou qui arrive quand on a besoin de réconfort parce qu'on a subi un truc qu'on n'a pas su éviter.

On n'aurait pas pu éviter la misogynie. Et c'est vraiment un truc qui m'agace, donc je n'aurais pas pu éviter la colère. Mais si je me suis sentie atteinte, c'est parce que j'ai subi, et ça, j'aurais pu l'éviter : j'aurais pu refuser de le vivre jusqu'au bout. Si je les avais plantés au milieu de l'émission, si j'avais répondu clairement que ces questions n'avaient pas de rapport avec la choucroute, si j'avais eu **les ovaires** de leur faire remarquer que leurs questions étaient misogynes, bref, si j'avais refusé de me soumettre à cette mascarade, j'aurais été en colère d'avoir perdu mon temps, mais je ne me serais pas sentie acculée.

D'où l'urgence de devenir son propre patron pour que personne ne le soit à ta place.

- Tu as le droit de ne pas dire oui à tout, tout le temps. D'être trop fatigué.e. De ne pas avoir envie.
- Tu as le droit de choisir tes projets en fonction de tes propres critères et pas pour faire plaisir aux autres ou parce que les autres pensent que c'est bien pour toi.
- Tu as le droit de choisir les moments où tu peux, et les moments où tu ne veux pas.

Cela n'enlèvera rien à personne.

Tout ça me fait penser au générique de fin de *Malcolm* :

> « You're not the boss of me nooow/You're not the boss of me nooow/You're not the boss of me now and you're not so biiiiig[4]. »

Si tu as la chanson en tête pendant plusieurs jours : ne me remercie pas. C'est cadeau. Haha.

4. « Tu n'es plus mon chef désormais et tu n'es pas si impressionnant. »

À retenir

- Le B de Besoin NE VEUT PAS DIRE « ai-je besoin de cet objet ? » mais « à quel besoin cette envie répond-elle ? ».
- Le marketing te fait croire qu'un produit peut répondre à tes besoins profonds alors qu'il ne fait que te proposer des objets divers et variés pour remplir ton vase, mais jamais la rustine pour colmater la brèche qui le fait fuir ! Sinon ça serait la mort du commerce...
- Tes besoins affectifs non assouvis sont un boulevard pour les entreprises ! C'est pourquoi, si tu veux arrêter de surconsommer, il est nécessaire de les identifier et d'inventer ta propre manière d'y répondre efficacement.
- D'ailleurs, les stratégies marketing s'inspirent de la tendance humaine à la surconsommation affective : c'est peut-être le moment de te pencher sur la manière dont tu abordes tes relations – et en particulier ta relation à toi-même ?
- Pour identifier tes propres besoins, il est nécessaire de penser ENFIN à toi.
- Il est primordial de penser à toi pour arrêter de surconsommer, parce que l'industrie profite du fait que tu ne saches pas trop d'où vient ton sentiment de mal-être pour te vendre l'illusion du bonheur par la consommation !
- Tant que tu cherches à résoudre ta surconsommation après que l'« envie irrépressible » a pointé le bout de son nez, tu te retrouves à faire le yoyo : culpabiliser, te restreindre, trouver que la vie est fade, craquer, reculpabiliser, te restreindre à nouveau, etc. Il est plus durable de traiter le problème en amont.
- En d'autres termes : avant de chercher comment faire... cherche pourquoi tu le fais !
- Personne d'autre que toi ne pourra jamais répondre mieux à tes besoins : c'est toi le patron !

Est-il possible d'être acteur de ses choix quand la vie pue objectivement du cul ?

Hum. Très bonne question. « Merci H de l'avoir posée. D'ailleurs H, le générique de *Malcolm*, il se termine par : ... *Life is unfai-air*[5] *!* »

Yes.

Devenir acteur de ses choix

Je pense profondément que devenir acteur de ses choix et responsable de ses besoins, et cesser d'en être la marionnette ou la victime, est essentiel. Quand tu n'as pas de prise sur ce qui t'arrive (la voiture qui lâche, se faire larguer, ton enfant qui vomit dans la voiture qu'on t'a prêtée, une usine qui pète à 10 km de chez toi et qui fait pleuvoir de la suie sur les tomates de ton jardin...), tu as en revanche souvent le choix sur ta manière de réagir, de prendre les choses. Et pour moi, c'est ça, la vraie liberté !

Je t'entends d'ici : « Plus facile à dire qu'à faire. Encore une qui nous sort des grands discours alors qu'elle n'a jamais été dans la merde jusqu'au cou jusqu'à maudire la loi de Murphy. »

OK, ne m'envoie pas me faire voir tout de suite, s'il te plaît, lis-moi jusqu'au bout ! Je ne te dis pas que c'est ce que tu DOIS faire, là, maintenant, tout de suite, ni que c'est la seule voie possible, et encore moins que c'est facile : je sais très bien que cette phrase est très agaçante à lire quand la vie est objectivement un gros

5. « La vie est injuste. »

tas d'emmerdes sur lequel on n'a réellement pas la main. Et crois-moi, ni Marie ni moi n'avons été épargnées !

Je dis simplement que c'est la voie que j'ai choisie, et qui m'a énormément aidée.

- Non, ça ne s'est pas fait en un jour.
- Non, ça ne marche pas à chaque fois.
- Non, ça ne marche pas immédiatement.

Mais voilà comment ça a commencé : il y a bien des années, j'ai été confrontée à du harcèlement dans le cadre professionnel. J'étais devenue une boule de stress à l'idée de passer la porte de mon lieu de travail.

Évidemment, j'en ai parlé au psychanalyste que je voyais à l'époque. J'avais clairement envie d'être reconnue comme victime et de trouver du réconfort. Mais ça ne s'est pas passé comme ça : mon psy m'a plutôt renvoyé que victime était une position et que je pouvais choisir de ne pas me sentir victime, bref, que j'avais une part de responsabilité dans mon mal-être.

KEWHAAAT ? Heu, je ne peux pas changer mon boss, il me fait objectivement toutes les crasses qu'il peut pour me déstabiliser, et vous me dites que je suis (co)responsable de mon mal-être ?

J'ai donc boudé.

Pendant un certain temps.

Mais ça a travaillé en arrière-plan, et finalement, ça a été l'une des étapes les plus importantes de ma vie. Elle a eu un prix (j'ai arrêté ma psychanalyse en partie à cause de ça), mais je suis devenue plus forte, plus résiliente, plus armée en gardant à l'esprit que quoi qu'il arrive, je peux toujours agir sur la manière dont je me positionne face à la vie.

Tout n'est pas rose tout le temps, LOIN de là, parfois la merdasse me met une belle victoire par K.-O.

Mais je me relève toujours. Je suis comme un Terminator : des fois il me manque une jambe, des fois je n'avance qu'à la force des bras, mais j'avance toujours, parce que précisément, je suis responsable de mes choix, de mes ressentis et de mes besoins.

Oui, mais comment faire ?

Il n'y a pas de réponse universelle, c'est un chemin aussi long que personnel, mais trois astuces fonctionnent pour moi.

Mets ton Terminator Mode sur « mute » et arrête de TE surconsommer !

Si toi aussi tu as un **Terminator Mode**, tape dans tes mains ! J'en parlais plus haut : ce truc te permet, quand tu l'actives, d'avancer coûte que coûte, jour après jour, quel que soit ce qui se passe dans ta vie.

- Tu te lèves le matin, tu réponds « ça va ! » d'un air enjoué quand on te dit bonjour au taf, taf (éventuellement) que tu ne veux pas quitter bien qu'il te tue à petit feu.
- Tu hésites à prendre tes arrêts maladie tant que tu n'es pas à l'article de la mort.
- Tu te dis que ça ne pourra pas être pire et que donc ça va forcément finir par aller mieux.

Mais ton Terminator Mode, il t'empêche de t'écouter. Et tu en supportes beaucoup plus que ce que tu devrais. Je sais de quoi je parle : chez moi, pendant des années, il a été activé en permanence, 24 heures sur 24 et 7 jours sur 7.

Mais le problème du Terminator Mode, c'est que c'est un peu comme si tu ne te démaquillais jamais. Déjà, tu es en apnée (et je te rappelle que ta peau et toi, vous avez besoin de respirer de temps en temps), et ensuite, tu n'es plus jamais vraiment toi-même. Or, il y a toujours une partie de toi qui a besoin de temps en temps d'être au naturel, sans trucage, sans armure, sans maquillage.

Et surtout, c'est épuisant. Donc maintenant, je ne lutte plus et je m'accorde quelques jours pour « bouder la vie », c'est comme ça que j'appelle cette phase.

En général, je coupe tout contact Messenger, y compris avec ma moitié de pomme bio, Marie. Elle finit par me demander si je mange (autre chose que des bonbons Arlequin, elle me connaît bien), si je dors, si elle doit prévenir les secours.

La phase vraiment aiguë ne dure pas très très longtemps mais elle m'est nécessaire pour évacuer tout ce qu'il y a à évacuer, pour me plaindre (toute seule en pleine nuit en me fumant une clope sur ma terrasse, hum, coucou le voisin qui part bosser à 4 heures du matin !).

Bien sûr, mes problèmes ne s'envolent pas comme par magie à l'issue de cette phase. La remontée est longue et non linéaire. Mais j'ai remarqué que j'ai plus de facilité à me remettre sur pied quand je m'autorise à bouder la vie que quand je me fais croire que je suis indestructible et que rien ne m'atteint. Si je devais utiliser une image, ça serait celle du jonc : finalement, je m'autorise à plier… pour ne pas rompre, tout simplement.

Cultive l'autodérision pour ne plus te laisser surconsommer par la vie

Attention, je vais te révéler un truc à peu près aussi important que le sens ultime de la vie *(roulements de tambour)* : en vérité, c'est beaucoup plus drôle de faire marrer les autres que d'alimenter sa complainte.

Et ça tombe bien, je suis dotée d'un grand sens de l'autodérision, bien piquant, bien ironique, mais surtout très guérisseur. Il m'est arrivé par exemple de raconter mes mésaventures en mode télé-réalité. En effet, OUI, je suis poissarde. Un peu. D'ailleurs, une collègue a fini par me surnommer Chat noir.

Imagine :

- Ta vie sentimentale explose en plein vol. Oui, tu as le droit d'être très triste ! Et si, après avoir bien pleuré et t'être dit que tu finirais seul.e avec tes chats, tu la racontais en mode « Île de la tentation » ?
- Tu te pètes une dent au début de tes vacances et tu galères pour te la faire soigner : trois tentatives de dévitalisation, un passage aux urgences, quatre dentistes différents, une belle infection, cinq semaines de souffrance, dix jours sans manger ni dormir. Je suis d'accord avec toi, c'est objectivement bien relou. Et si tu racontais ton épisode *survivor* en mode « Kho Lanta » ?
- Un mec grille un stop et ta voiture file bêtement au garage cinq heures avant ton départ pour des vacances que tu attends depuis des mois. Et si tu le racontais en mode « Pékin Express » ?

L'autodérision est un état d'esprit qui se cultive, et c'est un outil vraiment puissant pour prendre du recul instantanément sur une situation pourrie. La prochaine fois, tu devrais essayer, c'est très libérateur, parole de scout !

Accepte ta part et évalue celle de l'autre : stop à la surconsommation affective et sociale

Mais ce qui fonctionne le mieux pour moi, en vérité, après avoir pleuré sur mon sort puis fait marrer mes ami.e.s les plus proches avec mes *fails*, c'est de faire le point sur ce qui vient de moi et que je peux éventuellement changer, et ce qui vient de l'autre, sur quoi je n'ai pas la main, et qui surtout lui appartient. Pas question pour moi de lui en vouloir, à l'autre : je considère ça comme une perte de temps et d'énergie. Il s'agit juste d'être au clair sur ce qui m'appartient et sur ce que je peux laisser de côté, histoire de ne pas laisser la mayonnaise monter, et d'aller de l'avant.

Reprenons l'histoire de la question Curly: les deux animateurs radio étaient juste deux mecs pas déconstruits sur la question du sexisme. Finalement, ils n'avaient pas d'intention consciente de nuire ni de nous rabaisser, ils étaient juste pris dans une façon de penser d'un autre âge et ils menaient leur émission en fonction de ça.

Bien sûr, on peut raisonnablement se demander comment deux mecs de 45-50 ans ont pu passer à côté de l'évolution de notre société vers la destitution de ce genre de gros clichés genrés machistes. *(#balancetonquoi)* Mais c'est un autre débat et surtout, **ça leur appartient et ça n'enlève rien à qui je suis.**

Et bien sûr, c'est très désagréable pour deux nanas du XXIe siècle de se faire interviewer sur le thème de la lessive et des régimes quand ce n'est vraiment pas le cœur du message qu'elles aimeraient faire passer. Mais ça a pris chez moi des proportions qui ont largement dépassé le cadre du « désagréable ». J'en suis sortie complètement vidée et bien amochée.

Oui, on se serait bien passé de ces questions inappropriées. Mais en l'occurrence, c'est bien moi qui me suis laissé atteindre, parce que j'avais mes propres difficultés sur la question. Ça avait réactivé un vieux complexe par rapport à mon image: c'était bien Marie qui était mince et canon à leurs yeux, et j'aurais pu ce jour-là me faire tatouer « *The Story of My Life*[6] » tellement c'était un point sensible chez moi. Leurs questions sont passées à travers ma propre caisse de résonance, elles ont enflé, enflé, enflé, jusqu'à me mettre K.-O.

6. « L'histoire de ma vie. »

Je n'ai pas été capable de prendre suffisamment de recul sur le moment pour limiter la casse, comme je l'ai dit, ce n'était vraiment pas mon jour. Mais ce n'est pas grave : même si elle est intervenue dans un second temps, cette prise en compte de ma propre part m'a aidée à devenir plus résiliente et à mettre cette histoire derrière moi très vite, et même à recycler la question du régime dans ce bouquin, c'est dire !

À retenir

- Devenir le propre patron de tes besoins est le plus sûr moyen d'arrêter de surconsommer : nul autre que toi ne peut mieux prendre soin de toi-même.
- Cela ne fonctionne pas uniquement quand le ciel est bleu et que les oiseaux chantent : c'est même d'autant plus PRIMORDIAL de le faire quand tout va mal.
- Pour t'écouter quand Murphy te poursuit, pense aux trois astuces suivantes :

  1. autorise-toi à bouder la vie quelques jours,
  2. développe ton sens de l'autodérision,
  3. évalue ta part et celle de l'autre pour te concentrer sur ce sur quoi tu peux agir.

- Désencombre-toi du reste : la rancœur compte pour 10 dans ton (dés)équilibre intérieur !

Libérééé.e, délivréééééé.e, je ne (me) mentirai plus jamaiiiiiis !

(Référence que les personnes ayant eu dans leur entourage des petites filles aux alentours de 2015 peuvent pleinement apprécier.)

On aurait pu faire un bouquin entier sur le B de Besoin, tellement c'est la base.

Je ne t'ai absolument pas tout dit, loin de là, mais j'espère t'avoir transmis le principal.

Il reste une question : comment tu te sens quand tu prends enfin vraiment en compte tes besoins, non pas de manière artificielle, mais de manière sincère ? Bref, que se passe-t-il quand tu regardes ta vérité en face ?

Ça peut faire peur, dans un premier temps. Pas de panique, c'est normal, si tu la planquais c'est bien que t'avais pas envie de l'entendre, hein. Mais je le sens, tu es quelqu'un de courageux, donc ça va le faire. Et vu ma tendance à être une bonne autruche et à me coller la tête sous le sable, si je suis capable de le faire, alors probablement que toi aussi, haha.

Mais une fois que tu es de l'autre côté du miroir, quelle chouette sensation de te sentir enfin libre d'être toi-même !

De t'accorder le droit de dire non, de ne pas avoir envie tout de suite ou même jamais, de dire stop, de dire oui, d'avoir des relations plus vraies. De respecter ton besoin de décrocher, de bouiner, de relativiser, **de faire plaisir aux autres dans la limite de ton stock d'énergie disponible… et de ne plus compenser ta fuite en avant par des achats superflus.**

Libéré.e, délivré.e, allégé.e ! (Marie, on tient la devise à mettre sur les frontons des mairies de **Licornie***, Y.E.A.H. !)*

Guide de survie : petit précis des principaux besoins et des pistes de résistance

On est bien d'accord, ce qui va suivre, ce ne sont que des fiches. Laisse-moi te dire une chose (enfin trois, du coup) :

- Ces fiches ne te seront d'aucune utilité si tu ne lis pas attentivement tout le reste du bouquin : ce sont des raccourcis, mais en rien les véritables outils.
- Et puis, si tu étais tenté.e de zapper le reste et de prendre la solution de « facilité » : rappelle-toi du prix que tu as payé ce livre. Divise-le par le nombre de fiches. Ça fait cher la fiche, nan ?
- Enfin, si tu fais l'économie du reste : *je le saurai. (Musique de* Le Bon, la Brute et le Truand*: « ouuiouiouuuuu-pouawpouawpouaaaaawwww ». Ouais je sais, j'ai loupé ma vocation : mime musical par écrit.)*

Les besoins physiologiques de base

Késako ?

Je vais faire très court parce que j'en ai déjà parlé, il s'agit de l'ensemble des besoins physiologiques **nécessaires à la survie** du corps humain, tels que respirer, boire et manger, éliminer, maintien de la température, repos/sommeil, propreté (…), sexualité[7].

Besoins physiologiques et (sur)consommation : quelques exemples

- **Besoin de propreté :** coucou les protections hygiéniques ultrachères (mais pas taxées comme un produit de première nécessité, c'est vrai, faut pas déconner, les règles, on a le choix de les avoir ou pas, tout le monde sait ça, haha), bourrées de cochonneries mauvaises pour ta santé !
- **Besoin d'hydratation :** on parle du scandale de cette marque célèbre qui se fait son business sur la revente d'eau gratuite ?
- **Besoin d'équilibre alimentaire :** le blé ultratransformé agit comme un sucre rapide dans notre corps. Il est moins rassasiant et incite à manger d'avantage que le blé complet. Pourtant, les aliments complets sont plus chers que leurs cousins ultratransformés. On pourrait pourtant se dire que le raffinage a un coût qui devrait être répercuté sur le prix de vente, et que les aliments transformés devraient en toute logique être plus chers que leurs cousins non transformés. On te prend un peu beaucoup pour une quiche, non ?

7. Je profite de l'occasion pour procéder à un petit dépoussiérage du XXIe siècle : la sexualité est rangée dans les besoins physiologiques de base. Soit. L'abstinence n'étant pas létale, j'imagine que la sexualité s'est retrouvée dans les besoins physiologiques de base pour sa visée reproductive. Cependant, je tiens à rappeler que sa plus grande partie relève de la construction sociale et identitaire. Certaines personnes ne ressentent pas le besoin d'avoir une sexualité active, d'autres sont attiré.e.s par des partenaires de même sexe, ou par les deux, voire ne raisonnent pas pour elles-mêmes en termes de genre relié à un sexe. DONC, la sexualité ne doit jamais être un moyen de chantage (genre *mais ouiiiii mais regaaaaaaarde c'est classé dans les besoins physiologiques primaiiiiiiiiiiiiiires comme manger et dormiiiiiir, tu dois respecter mon besoin*, version actuelle du devoir conjugal). Et cerise sur le Kloug : je rappelle qu'au-delà de toute question de genre, on a le droit d'avoir (ou pas) une sexualité sans jamais avoir le désir de procréer.

En fait, si on y regarde bien, seul respirer n'a pas *(encore ?)* fait l'objet d'un business. Ah si, il y a eu des canettes d'air pur en vente en Chine... Même l'élimination est concernée : pose-toi dans le rayon PQ de ton supermarché et observe les packs de PQ bleus, rose, verts, blancs, X épaisseurs, senteur des champs ou brise marine... C'est flippant, non ?

Pistes de résistance concrètes

- Utiliser une cup, une serviette hygiénique lavable ou une culotte de règles.
- Cuisiner davantage avec des produits bruts.
- Boire l'eau du robinet (se renseigner sur la contamination des eaux en bouteille via l'emballage plastique !).
- Réfléchir à installer une douchette dans les toilettes.

Les besoins de sécurité, de propriété et de maîtrise

Késako ?

Ce sont les besoins de sécurité (protection physique et psychologique, stabilité familiale et professionnelle, etc.), de propriété (posséder des biens propres) et de maîtrise (avoir le sentiment d'avoir un pouvoir sur ce qui nous arrive).

Besoins de sécurité, de propriété et de maîtrise et (sur)consommation : quelques exemples

- **Besoin de protection du danger physique/de sécurité :** toutes les offres d'alarmes diverses et variées reliées aux box Internet. Personnellement, lors de ma séparation, je me suis pris cette peur en pleine figure, au point que (j'ai honte, mais c'est comme ça !) je n'ai pas pu dormir sans une lumière allumée pendant plusieurs mois. #payetasurconsoélectrique.

- **Besoin de stabilité :** il correspond au besoin de vivre dans un environnement stable et prévisible, sans angoisses ni crises. Tendance à gérer les crises et les multiples tensions avec les enfants en plaçant des télés et/ou des consoles dans leurs chambres.
- **Besoin de propriété :** il correspond au besoin de « tout » posséder, même des objets qu'on n'utilisera qu'une ou deux fois par an. Quel est l'intérêt d'acheter une meuleuse pour un besoin ponctuel alors qu'on ne s'en resservira probablement jamais ? « Au cas où. » *(Au cas où quoi ?)*
- **Besoin d'avoir une maîtrise sur les événements :** il correspond principalement au besoin de maîtrise de ton quotidien et de ton temps : coucou la surconsommation d'activités, que ce soit pour les adultes ou pour les enfants. Ou de multiples agendas avec les crafts qui vont avec pour que ça soit le plus esthétique possible !

Pistes de résistance

- Concernant le besoin de propriété, diverses pistes seront évoquées à différents endroits de ce livre, pour freiner l'accumulation **(chapitre S)** et prendre de la distance par rapport à ce type d'achats **(chapitre I).** Concernant les objets achetés pour une raison ponctuelle : demande autour de toi si tu ne peux pas emprunter ; sinon, l'achat d'occasion est toujours une option à considérer en premier lieu !
- Pour le besoin de sécurité, reprendre confiance en soi et reconstruire une certaine autonomie – Marie détaillera tout cela **dans le chapitre U** !
- Pour la maîtrise : Écris en gros, gras partout où ta passion de la perfection sévit : « à BaS Le PeRFeCTioNNiSMe !!! » Simplifie tes exigences pour te concentrer sur l'essentiel !

Les besoins sociaux

Késako ?

Ce sont les besoins affectifs (être accepté, amour, amitié), d'estime de la part des autres (être reconnu comme ayant de la valeur) et d'appartenance à un groupe.

Besoins sociaux et (sur)consommation : quelques exemples

Ces besoins nous amènent si nous n'y prenons pas garde à au moins quatre types de surconsommation :

- **Ce qui est en rapport avec l'image et l'apparence :** vêtements, maquillage, coiffure, esthétique, salle de sport, tout le business de la minceur aussi.
- **Ce qui est en rapport avec la séduction :** cela rejoint le précédent paragraphe, mais j'ajouterais toute la consommation de sites de rencontre.
- **Ce qui est en rapport avec le fait de maintenir l'attention de l'autre** en partageant ses intérêts : cadeaux, restaurants, sorties, bar, alcool.
- **Ce qui est en rapport avec la norme sociale prédominante :** quand on veut appartenir à un groupe, on a envie de se conformer à ses normes, ses comportements et ses valeurs. Cela peut induire une course à l'échalote qui sera décryptée dans le **chapitre sur l'Immédiateté**.

Pistes de résistance

- Concernant le règne de l'apparence : déjà, tu peux utiliser pour prendre soin de toi des produits naturels, bruts, efficaces et peu nombreux. *La crinière magique de Marie n'a pas vu de produits industriels depuis au moins cinq ans, tu y crois ?* Enfin bref, on te causera cosmétique dans le **chapitre O**, *stay* *tuned !* Tu peux aussi trouver une alternative aux vêtements neufs en te baladant sur les sites d'occasion comme Vinted.

- Chacun a ses propres critères concernant la beauté extérieure. Trouves-tu moches toutes les personnes se situant hors des critères beauté des magazines ? Je parie que non. Et je parie que ta collègue aura des goûts différents des tiens, mais toujours hors magazine. Il y a donc de grandes chances pour que ton apparence physique ne soit pas un critère aussi déterminant que tu l'imagines : tu crois que c'est le regard de l'autre qui te juge, mais c'est le tien qui en réalité te glace.
- La beauté n'est pas que physique ! Il ne t'est jamais arrivé de rencontrer une personne peu attirante au premier abord et devenant plus beau.belle à mesure que tu as appris à la connaître ? À l'inverse, il ne t'est jamais arrivé de flasher sur le physique de quelqu'un et au fil du temps de finir par ne plus le.la trouver attirant.e du tout parce que sa personnalité ne te correspondait finalement pas ? Enfin, il ne t'est jamais arrivé de te sentir beau.belle quand tu es en contact avec une personne précise, alors que tout le reste du temps tu te trouves moche ? **D'ailleurs, sais-tu accepter les compliments que l'on t'offre ?**
- Pour satisfaire tes besoins sociaux, rien de mieux que de faire le point sur tes relations : faire ressortir celles qui te tirent vers le haut et les chouchouter sans en passer par les cadeaux. On en reparlera dans le **chapitre S** !

Il te faudra peut-être aussi t'occuper de ton **abandonnique-samère** : on en parlera dans le **chapitre sur l'Immédiateté** !

Et enfin, tout au long du livre, on t'invite à respirer, à ralentir, à apprendre à penser à toi, à te prendre en compte, à t'écouter et à te chouchouter.

Les besoins d'estime de soi et de se réaliser

Késako ?

Le besoin d'estime de soi correspond au besoin de développer le sentiment d'être utile et d'avoir de la valeur, et le besoin de se réaliser nous pousse à aller encore plus loin dans la réalisation de notre potentiel.

Besoins d'estime de soi et de réalisation et (sur)consommation : quelques exemples

En plus du business de l'apparence dont on a déjà parlé, j'aimerais attirer ton attention sur le business du coaching et des formations. Bien sûr, je ne dis pas que tout est à jeter, mais pour quelques professionnels vraiment performants et sérieux, plein d'autres surfent sur la vague de la valorisation de l'autoentrepreneuriat en promettant de donner les clés de la réussite facile.

Pistes de résistance

Tu as peut-être déjà entendu : « Tu as des compétences là-dedans, tu devrais te lancer », « Tu as de l'or entre les mains, pourquoi tu fais rien pour le récolter ? ». Alors, installe-toi tranquillou et pose-toi la question suivante : tu veux quoi, toi, réellement ? Non, tu n'es pas obligé.e de « te lancer » ou de récolter cet or, si ce n'est pas ton souhait. Assume ce que tu es, ce que tu n'es pas (assume tes **envers de la connasse** !), ce que tu veux et ce que tu ne veux pas !

Dans le **chapitre 0**, on t'invitera à construire tes propres critères, à rechercher tes propres valeurs et à trouver l'énergie de te frayer un chemin vers elles.

Pour te rendre compte de ta valeur, réponds à cette question en te regardant avec les yeux de ta meilleure amie : pourquoi les autres ont-ils de la chance de me connaître ?

I comme Immédiateté

Par Marie, mélomane à ses heures perdues

L'abus de consommation
responsable rend heureux
L'abus de consommation
responsable rend heureux
L'abus de consommation
responsable rend heureux
L'abus de consommation
responsable rend heureux

« Non mais laissez-moooooooi, non mais laissez-mooooooooooooooi, manger ma banane »

Cher Philippe Katerine…

Il y a de nombreuses choses que je ne comprends pas dans ce monde, dont la suivante : comment se fait-il que tu ne sois pas classé parmi les philosophes les plus importants de l'époque contemporaine ?

Ton message est pourtant d'une incroyable puissance… C'est peut-être d'ailleurs pour cela qu'il ne peut pas encore être entendu par le grand public.

> Non je ne veux plus jamais travailler
> Plutôt crever
> Non je n'irai plus jamais au supermarché
> Plutôt crever
>
> Non mais laissez-moi (x2)
> Manger ma banane
>
> Non mais laissez-moi (x2)
> Manger ma banane tout nu sur la plage
>
> Non je ne veux plus jamais m'habiller
> Plutôt crever
> Plutôt crever que de me lever parce que vous me le demandez
> Plutôt crever.

Le monde est fou, mais pour cacher sa folie, il prétend que c'est toi qui l'es. Pourtant, quoi de plus légitime que ta demande ? Tu veux juste manger ta banane tout nu sur le sable et qu'on te foute la paix.

Au lieu de ça, tu es pressé comme un citron avec des injonctions de toutes parts : il faut que tu ailles travailler, que tu fasses tes courses au supermarché, que tu t'habilles, et même que tu t'assoies sur ton rythme biologique naturel ! Tu dois te lever chaque matin quand ton réveil strident te tire de ton sommeil doux et réparateur, de la chaleur enveloppante de ta couette, et tout ça pour quoi ??? Pour contribuer à une croissance qui épuise toutes les ressources naturelles, pour aller acheter de la merde bourrée de pesticide et suremballée dans du plastique dans des magasins, et pour t'habiller avec des vêtements fabriqués par des enfants exploités !

C'est une vie, ça ? C'est ça qu'on veut retenir sur notre lit de mort ? « J'ai bien travaillé, j'ai bien consommé, je peux partir en paix ! »

Non mais laissez-nous manger notre banane tout nus sur le sable, à la fin !

Laissez-nous avoir des moments de répit, souffler, réfléchir à ce qu'on veut vraiment pour notre vie !

Vite, vite, vite !

Mais non, impossible de se poser quelques minutes pour réfléchir à tout ça !

- Il est 16 heures, tu te demandes comment tu vas réussir à boucler ton dossier avant d'aller chercher les enfants à l'école. D'ailleurs, le petit dernier est invité à un anniversaire demain et tu n'as toujours pas acheté de cadeau ! *Merde !*

- Ah, attends, tu as vu passer une pub dans un prospectus comme quoi le dernier robot Pokeprout est en promo en ce moment, cool, tu vas pouvoir faire des économies ! *Tu iras le chercher demain matin.*
- *Ah mais non !* La promo est une vente flash, seulement jusqu'à ce soir ! Oh là là pitié, faites qu'il en reste quand tu iras tout à l'heure ! Déjà que tu vas devoir te taper le supermarché en sortant du boulot avec deux gamins surexcités, si en plus c'est la rupture de stock… *Non, tu préfères ne même pas y penser.*
- SMS : ton conjoint t'informe qu'il finira tard ce soir et qu'il a oublié que c'est à lui d'apporter des petites douceurs pour sa réunion de demain. Tu peux passer en acheter en rentrant ? *Ça tombe bien, tu vas justement au supermarché.*

Ça te parle ? On a quasi tous vécu ce genre de moments. Mais est-ce que tu t'es déjà demandé ce qui était en œuvre dans ces quelques minutes de quotidien on ne peut plus banales ?

Je vais te le dire :

- Dans ton travail, tu as une pression de productivité. Tu as des délais, et la tendance actuelle est à travailler toujours plus, en moins de temps, avec moins de moyens.
- Dans ta vie familiale, tu as la pression au niveau de l'organisation. Il y a de plus en plus de choses à faire, à gérer, à caler.
- Tu veux que ton enfant soit bien intégré, qu'il soit fier du cadeau qu'il va offrir à son copain. Son copain lui avait d'ailleurs offert un supercadeau pour son anniversaire à lui, tu vas pas faire ton radin en retour avec un cadeau pourri.
- Même le supermarché arrive à te foutre la pression avec sa promotion à durée limitée.

On court. Partout, tout le temps, du matin au soir et de la maternelle au cercueil. Et on court dans tous les domaines de nos vies. C'est incroyable, quand on y pense, parce que s'il y a bien une chose qui n'a pas changé, c'est qu'une journée fait toujours 24 heures, une semaine 7 jours et un mois 30 jours.

Ça, ça n'a pas bougé, on est d'accord ?

Ce qui a changé, c'est le contenu de notre temps, et donc la perception que nous avons de lui.

Où se cache l'immédiateté ?

Elle est devenue la norme dans tous les domaines de nos vies mais, et c'est bien ça le problème avec la norme, on ne la voit même plus ! Ou alors, si on l'entr'aperçoit de temps en temps, on se dit qu'on ne peut rien y faire. *« On ne peut rien y faire » : la phrase qui m'agace le plus au monde et qui fait friser ma crinière de licorne !*

Le plus important, quelle que soit la situation, c'est de voir. Voir, décrypter, chercher à l'extérieur et à l'intérieur de nous, et comprendre. Si on ne comprend pas ce qui est en jeu, on ne peut pas agir pour le modifier !

L'immédiateté, le sentiment d'urgence, la pression du temps sont partout, infiltrés dans tous les domaines de notre vie. Même si ce qui nous intéresse principalement dans ce livre, c'est son lien avec notre consommation, il me paraît primordial de la démasquer dans d'autres domaines, parce que finalement, notre rapport à notre consommation est le miroir de notre manière d'appréhender la vie d'une manière beaucoup plus globale.

On va donc voir et décrypter où se cache l'immédiateté dans ton quotidien.

Au travail

Cette sensation d'urgence se retrouve très souvent dans le monde du travail, bien entendu. C'est d'ailleurs une partie assez visible, pas vraiment cachée.

Il y a encore quelques années, lorsqu'on avait besoin de communiquer avec quelqu'un dans le cadre du travail, on lui envoyait un courrier ou on lui téléphonait. Dans le cas du courrier, on savait que celui-ci mettait deux jours à arriver, on imaginait qu'il fallait quelques jours à la personne pour préparer sa réponse, puis que son courrier allait encore mettre deux jours à arriver jusqu'à nous. Il y avait donc sans aucun problème une semaine entre notre question et la réponse.

Aujourd'hui, qui peut encore attendre une semaine pour avoir une réponse ?

Si on voulait quand même aller un peu plus vite, on utilisait le téléphone. Déjà, on passait nos appels professionnels pendant notre temps de présence au bureau, lorsque notre planning nous le permettait. Si la personne n'était pas là, on lui laissait un message. Elle risquait de nous rappeler pendant que nous étions en réunion, et ça pouvait durer quelque temps comme ça.

Aujourd'hui, on envoie un mail, et si on n'a pas de réponse dans la demi-journée, on relance, même le soir, de son smartphone, entre le bain des gosses et la préparation du repas. On sent bien que tout ça nous met la pression, mais on y participe aussi, comme nous le verrons plus loin !

#3615MYLIFE

Je vais te raconter une anecdote dont j'ai particulièrement honte, mais qui m'a forcée à devenir plus vigilante. Il y a quelques mois, dans le cadre de mon blog et de la partie de mon travail qui est de promouvoir de chouettes marques éthiques, j'ai eu un contact avec une entreprise. Nous avons échangé par mail et sommes convenues que j'allais commander un produit sur leur site avec une carte cadeau qu'ils m'avaient offerte.

Un dimanche matin, me voici donc en vadrouille sur le site de la marque. Déjà : pourquoi faire ça un dimanche matin, je te le demande ? *Info vérité : mon travail étant une véritable passion et étant intimement lié à ma vie personnelle, j'ai parfois du mal à établir une frontière entre ma vie professionnelle et ma vie personnelle.*

Bref, je navigue sur leur site, je fais mon choix, clic, dans mon panier, mes coordonnées, entrer le numéro de ma carte cadeau… *Ah, ça marche pas !*

Je recommence, ça ne marche toujours pas. *Bon.* Sans réfléchir, je saisis mon smartphone et j'envoie un mail à mon interlocutrice pour lui faire part de mon problème.

Trente minutes plus tard, je reçois une réponse : *« Bonjour Marie, j'ai bien eu votre mail. Je suis désolée mais je ne peux rien faire ce dimanche matin, je verrai ça dès demain avec l'ordinateur de mon bureau ! »*

Et merde ! J'ai eu honte direct. Je ne pensais pas qu'elle me répondrait le jour même… Je l'ai stressée un dimanche matin en famille avec mon souci technique !

Je me suis confondue en excuses, et je peux te dire que ça m'a servi de leçon : dorénavant, j'envoie mes mails professionnels à des horaires « de bureau », je rassure mon interlocuteur sur le fait que je n'attends pas de réponse immédiate, et je m'organise en conséquence.

Pistes pour lutter contre l'immédiateté au travail

- Ne consulter ses mails que pendant ses heures de travail.
- Ne les consulter que 2 à 3 fois par jour.
- N'y répondre que pendant ses heures de travail.
- Se renseigner sur le « droit à la déconnexion » dans le travail sur les sites legifrance.gouv.fr et droitaladeconnexion.info.
- Lorsque c'est possible (et c'est plus souvent qu'on le croit) : s'autoriser à différer auprès de son interlocuteur : « J'ai bien entendu ta demande, j'y réponds dès que possible. »

B
I
S
O
U

Informations et réseaux sociaux : tout en direct

Aujourd'hui, nous sommes informé.e.s de tout ce qui se passe partout dans le monde en temps réel. Un tsunami en Asie et nous sommes au courant avant même que la première vague ait touché la première habitation. Encore plus fou, certains sites d'information en ligne permettent de suivre des événements minute par minute, comme dans le cas de prises d'otages.

On en parle ou pas de cette terrible soirée du 13 novembre 2015 au Bataclan ?

Est-ce qu'on pourrait prendre juste une minute pour inspirer et expirer par le ventre *(pas non plus la peine de faire la figure de yoga « chien tête en bas »)* et se demander à quel moment on a besoin de tout savoir exactement au moment où ça se passe ?

Reprenons l'exemple de la prise d'otages. Qu'est-ce que ça m'apporte de rester devant BFM toute la journée à regarder la brigade d'intervention en planque attendre le bon moment pour agir ? Qu'est-ce que ça apporte aux otages ?

Je serais bien tentée de répondre : « Rien, ça n'apporte rien », mais malheureusement, je pense que c'est pire : ça nous apporte de l'anxiété.

Pourquoi s'inflige-t-on ça ? Quel « plaisir » tirons-nous du fait d'être au courant tout de suite, au moment M, que les forces de l'ordre sont intervenues ? Qu'est-ce qui aurait changé dans le monde, ou dans notre vie, si nous avions attendu le soir pour avoir un résumé du déroulement de la journée ?

#3615MYLIFE

Pour ma part, je n'ai plus de télévision. C'est un choix que j'ai fait il y a deux ans lorsque je me suis séparée de mon ex-mari et que j'ai déménagé : je n'en ai pas racheté. Eh bien crois-moi, c'est un choix que je n'ai jamais regretté ! Il ne m'est strictement jamais arrivé de me trouver dans une situation inconfortable parce que je n'étais pas au courant d'une information en avant-première. Jamais. Au pire, c'est parfois un sujet de rigolade avec mon amoureux : « Chaton, ça fait une semaine qu'il est mort, Aznavour ! - Ah bon ? »
En revanche, le bénéfice pour mon bien-être est incalculable.

- C'est MOI qui choisis le moment où JE souhaite m'informer.
- Je ne suis plus un déversoir à mauvaises nouvelles anxiogènes, j'ai repris le contrôle de l'accès à ma personne !
- Ça ne m'empêche pas de m'informer ni d'avoir des conversations sans avoir l'air d'une cruche qui vit dans une cabane au fond des bois, et j'ai énormément gagné en sérénité.

> • La presse écrite me permet de mettre une distance et de me tenir au courant une fois que l'information est digérée et analysée de manière moins émotionnelle. M'informer par le biais de la télévision ou de la radio me semble beaucoup plus intrusif.

Ai-je besoin de parler des réseaux sociaux ? 500 millions *(oui, millions !)* de tweets sont publiés chaque jour, 95 millions de photos et vidéos postées sur Instagram, et Facebook compte presque 1,5 milliard *(oui, milliard !)* d'utilisateurs quotidiens, dont plus de 56 millions en France. La somme monumentale de contenus partagés chaque jour dépasse l'entendement.

Pistes pour lutter contre l'immédiateté des informations et des réseaux sociaux

- S'interroger sincèrement sur ton « besoin » d'être informé.e en temps réel, sans jugement : est-ce que ces informations exercent une certaine fascination chez toi ? Pourquoi ? Est-ce que tu as peur d'avoir l'air bête dans une conversation si tu as raté une information ?
- Bannir les sites et les chaînes d'information en direct
- Choisir une périodicité pour t'informer, une fois par jour étant à mon sens le maximum, mais ça peut être tous les deux jours, ou bien une ou deux fois par semaine. Le monde ne va pas s'arrêter de tourner !
- Choisir le bon moment de la journée pour t'informer : je te déconseille le matin au petit-déjeuner et le soir avant de te coucher. Pourquoi pas le midi ou en fin d'après-midi ?

Les relations amoureuses

Allez, Herveline et moi, on va te confier un secret, vu qu'on est entre nous.

Nous avons toutes les deux fait l'expérience des sites de rencontre. Brièvement… ! Disons que ça a été une expérience… intéressante.

Je pense qu'on est d'accord toutes les deux pour dire que tout n'est pas à jeter et qu'il est possible d'y rencontrer des personnes vraiment intéressantes. Seulement voilà, je crois que c'est le fonctionnement même de ces sites qui ne fait pas ressortir ce qu'il y a de meilleur en nous.

Face au nombre de profils, de potentielles rencontres, l'immédiateté fait loi. Premier arrivé, premier servi. Si une personne ne nous répond pas dans la minute, on passe à une autre. Les personnes deviennent des biens de consommation.

Une fois la discussion enclenchée, ça continue : le site se charge de t'envoyer une notification quand la personne avec laquelle tu discutes entre dans le viseur d'un.e concurrent.e. « Machin est entré dans le panier d'une rivale ! ». Genre : « Attention ! Si tu te magnes pas le derche, il va te filer entre les doigts ! » Ta machine à fantasmes s'emballe : « Si ça se trouve elle est plus belle. Plus intéressante. Plus drôle. » Comment, dans ces conditions de compétition, se sentir serein.e et créer des bases saines pour une relation ?

Dans ces moments-là, il est primordial d'avoir un bon groupe de copines pour te raisonner, parce que, tu le sais si tu as déjà pratiqué les sites de rencontre, tu te mets à scruter et interpréter le moindre petit signe… en ta défaveur, bien sûr.

Et les systèmes de messagerie, permettant de savoir quand l'interlocuteur a lu le message et de voir si oui ou non la personne est connectée, ne font que décupler l'anxiété : on s'attend à ce que la personne réponde immédiatement si elle l'a vu, et si elle est connectée, c'est qu'elle peut répondre ! Corrélatif : si elle ne répond pas, c'est qu'il y a un problème.

Oui, mais non.

Cet état de nervosité face à une absence de réponse immédiate, nous l'avons appelé « crise d'**abandonniquesamère** ». Il est primordial dans ce cas de se poser quelques minutes, de se calmer et de prendre conscience que ce sentiment d'abandon, en cas de réponse différée, nous appartient et n'a aucun rapport avec notre propre valeur. Il y a mille et une raisons pour ne pas répondre immédiatement à un message.

Toi-même, je suis sûre qu'il t'arrive de ne pas répondre de suite : pourquoi ? Parce que tu utilises le temps comme punition ? *(Genre : je vais le faire mariner un peu, ce qu'il m'a dit ne m'a pas plu.)* Parce que tu vois le temps comme un marqueur de tes sentiments ? *(Genre : si je réponds trop vite, il va croire que je suis déjà accro/il va se rendre compte que je suis attachée/etc.)* Ou tout simplement parce que tu as envie d'être complètement disponible pour discuter avec une personne que tu commences à vraiment apprécier ?

Cela me fait penser au troisième accord toltèque : « Ne fais pas de suppositions. » S'accorder du temps pour répondre, c'est aussi une manière très chouette d'honorer la personne : dans l'intervalle, on pense à elle, à ce qu'elle nous apporte. Et on a hâte d'être enfin à ce moment où on pourra se consacrer uniquement à lui parler !

Ce tourbillon temporel des applis de messagerie complique énormément les relations humaines, car il ajoute une pression qui n'a pas lieu d'être. Or, mettre la pression à quelqu'un et se mettre la pression au passage ne peut pas déboucher sur une relation saine : il est temps de se lâcher un peu les baskets, non ?

Pistes pour lutter contre l'immédiateté dans les relations amoureuses

- S'entourer de copines et ne pas hésiter à demander un avis extérieur.
- Relire tout le paragraphe sur l'image du chapitre B.
- Prendre du recul par rapport aux applications de messagerie, qui révéleraient presque quand l'interlocuteur est parti pisser.
- D'une manière générale, refuser toute pression, qu'elle soit induite par le fonctionnement d'un site ou d'une appli, par l'interlocuteur ou par soi-même.
- Refuser tout mécanisme imitant celui des promotions (voir paragraphe, plus bas, sur l'immédiateté dans la consommation) et visant à nous faire adhérer à une relation sous la pression du temps.

Notre entourage familial et amical

Notre famille devrait être un pilier solide dans notre vie, et notre foyer un refuge au milieu de ce monde bouillonnant. Problème : le sentiment d'urgence qui a gagné le reste du monde a réussi à s'infiltrer jusque dans nos maisons !

- Tous les parents du monde ont déjà stressé leurs enfants pour qu'ils s'habillent plus vite le matin.
- D'ailleurs, nos enfants, quand on leur demande quelque chose, on veut que ce soit fait tout de suite. *(Alors que tout le monde sait qu'un enfant qui s'exécute tout de suite, ça n'existe pas, c'est une légende urbaine.)*
- Il y a les travaux à faire dans la maison, les invitations à honorer et à rendre, les cadeaux d'anniversaire à trouver...

- Il y a les journées de ministres, le mercredi, au hasard, où on doit courir d'activités extrascolaires en activités extrascolaires.
- Il y a ce quotidien millimétré : lever, petit déj, douche, école, travail, transports, préparation du repas, ménage, devoirs, etc. Un grain de sable dans l'engrenage et c'est la panique !

Bref, il y a tous ces moments en famille où on court. Mais il n'y a pas qu'avec, ou pour notre famille qu'on court !

Il y a aussi nos propres activités :

- Se mettre la rate au court-bouillon pour être à l'heure à notre cours de yoga, c'est un comble non ?
- Sans compter nos activités bénévoles, tenir un stand le week-end, faire le compte-rendu d'une réunion d'asso...
- Et puis les amis : organiser l'enterrement de vie de jeune fille de notre copine Julie-Odile, préparer une choré pour la fête d'anniversaire de notre pote Jean-Mi, d'ailleurs suivre les échanges de mails quotidiens de tous les participants est un travail à temps plein.
- Rendre l'invitation à Bibiche et Chouchou qui nous ont invités il y a deux mois *(« Mais pfffffff, j'ai pas de week-end de libre avant l'année prochaine ! »)*

Pistes pour lutter contre l'immédiateté avec notre entourage

- Lister ce qui relève de réelles obligations (aller à l'école, au travail...) et ce sur quoi nous avons une marge de manœuvre (activités annexes, loisirs...). Il est vraiment intéressant de se pencher réellement et sincèrement sur cette question, car nous nous fixons parfois des obligations qui n'en sont pas : le bain des enfants tous les jours, est-ce vraiment utile ?

→

- Alléger au maximum notre planning : deux activités extrascolaires par enfant, est-ce vraiment nécessaire ?
- Prendre conscience du nombre de fois où on dit « Dépêche toi ! » à nos enfants. Dès qu'on le dit, s'arrêter, observer la situation et chercher une solution adaptée à nos contraintes.
- S'accorder plus de temps pour ne pas courir : si tous les matins c'est la course, mettre le réveil quinze minutes plus tôt, même si en théorie ça ne nous fait pas plaisir, nous permettra de démarrer la journée moins stressé.e.
- Agir avec notre entourage comme s'il s'agissait de simples connaissances ou de contacts professionnels : oserait-on brailler sur les enfants d'amis ?
- S'organiser pour ne pas se retrouver dans l'urgence à courir sur sa pause de midi pour aller chercher un cadeau pour l'anniversaire du copain de Jean-Kevin : à ton *bullet journal*[8] !
- Savoir dire « Non » : c'est dur, je sais. Tu as peur qu'on t'en veuille, qu'on se détourne de toi. Mais avant de te dire que c'est impossible, potasse de nouveau la première partie de ce livre sur tes besoins !

Immédiateté et consommation

Ta manière de consommer

Partons d'un postulat très simple, si tu veux bien :

- Une entreprise n'a qu'un seul but : croître.
- Donc elle doit vendre.
- C'est tout.

8. Voir plus bas dans la rubrique « Arrêtons de valoriser la course à l'échalote ! »

Peu importe l'entreprise, peu importe ce qu'elle vend, peu importe son modèle économique, la seule raison d'être d'une entreprise, c'est vendre. C'est ce qui la différencie d'organismes à but non lucratif. En soi, ce n'est ni bien ni mal, c'est juste un fait

Une entreprise n'est donc pas une association caritative ni un service public. Jamais elle ne fera quoi que ce soit pour toi, pour ton bien-être ou pour te satisfaire, qui irait à l'encontre de son projet de croissance. *(Bon, sauf si le gars qui s'occupe de la stratégie marketing est nul, mais on va dire que ce ne sera pas intentionnel.)*

Bien sûr, pour les plus éthiques d'entre elles, essayer de combiner les deux est important. Et puis, est-ce vraiment sans arrière-pensée ? Un client satisfait est un client qui revient.

C'est donc pourquoi il est indispensable, que dis-je, vital, que tu comprennes que la seule boussole à laquelle tu puisses faire confiance dans ta manière de consommer, **c'est toi.** Si tu te fies à l'entreprise, forcément qu'elle va essayer de te faire acheter son produit, et le plus vite possible : quand les grandes enseignes font des grosses promotions, des prix cassés pendant deux jours, crois bien qu'elles ne le font pas à perte. Non seulement elles misent sur le volume qu'elles vont écouler, un volume beaucoup plus important que hors promotion, mais elles misent aussi sur tout ce que tu vas acheter au prix fort ce jour-là... *Dis-moi que je ne suis pas la seule à toujours flasher sur la nouvelle collection quand c'est les soldes !*

Il faut absolument que tu comprennes que les promotions ne te feront **jamais** faire d'économies.

Voici comment ça se passe !

- **Tu es informé.e qu'il y a une vente flash sur un produit à partir d'aujourd'hui, et ce pendant deux jours.** Oui, c'est toujours à partir d'aujourd'hui, pour que tu sois pris.e au dépourvu et saisi.e par l'information : tu n'as jamais vu une grande surface faire une liste trimestrielle des promotions qu'elle va mettre en place dans les semaines à venir ! Ça va pas, non ? Ça te permettrait de t'organiser, de prendre du recul et de consommer de manière intelligente et responsable ! *Et puis quoi encore ?*

- **Tu as une ampoule qui s'allume dans le cerveau.** Plusieurs choses se mêlent : c'est un mélange d'excitation, de plaisir, et je suis même sûre qu'il y a une pointe d'autosatisfaction à te dire que tu vas faire une si bonne affaire et que tu vas pouvoir le claironner autour de toi. À ce stade-là, tu ne penses pas du tout à tes besoins, à ce qui résonne chez toi, tu es dans l'impulsion, dans le plaisir immédiat. Il y a même une joie quasi enfantine dans la valse de ces promotions : *tu ne sais jamais sur quoi ça va tomber, c'est la surprise !*
- **L'enseigne te fait un chantage implicite.** La promo n'étant valable que jusqu'à demain, soit tu achètes tout de suite, soit tu risques de le regretter, parce que crois-moi, une occase pareille, ça ne se reproduira pas tous les quatre matins. *Si tu ne le fais pas, tu vas regretter, tu vas regretter, tu vas regretter...*
- **Il faut que le temps de vie de la promotion soit court, pour que tu aies le moins de temps possible pour réfléchir.** Plus tu vas réfléchir, plus tu vas te raisonner, et plus tu risques de *ne pas céder* à la tentation ! Ça y est, la marque a réussi à te faire te déplacer, soit physiquement, soit virtuellement.
- **Te voici dans les rayons en chair et en os, ou bien à naviguer sur le site Internet.** À partir de là, c'est gagné (pour eux, pas pour toi). Ma main à couper que tu vas « profiter » d'être là pour prendre aussi autre chose. Pour « rentabiliser ton déplacement ». Pour « rentabiliser tes frais de port ». Et puis cet article qui n'était pas dans le catalogue, il est super mignon, non ? *Résultat : tu as dépensé plus que tu n'aurais dû...*

On le dit et on le répète, avec Herveline : l'immédiateté est la meilleure copine de l'achat compulsif !

Tout est fait pour te faire passer à l'acte d'achat tout de suite. Tu ne t'en rends pas compte, mais tu es comme hypnotisé.e. Certaines enseignes arrivent à te faire faire des choses que tu ne voulais pas faire, à la base.

C'est ce qui arrive aux acheteurs compulsifs. Ils achètent, et c'est seulement ensuite, en rentrant chez eux, qu'ils regardent leurs achats avec l'impression de sortir d'une sorte de rêve bizarre : « Mais qu'est-ce que c'est que ce truc ? Pourquoi j'ai acheté ça, moi ? »

C'est vraiment flippant, quand on y pense !

S'il y a bien une urgence, c'est de lutter contre cette pression de l'immédiateté que les marques veulent te faire vivre pour que tu achètes au plus vite.

Je t'assure que c'est possible ! Moi aussi j'ai fonctionné avec les promotions pendant des années, moi aussi je suis tombée dans le panneau, et moi aussi j'ai eu bien du mal à comprendre que les promotions ne me feraient jamais faire d'économies. Et pourtant, je peux te l'affirmer aujourd'hui : je n'achète plus rien en promotion et mon budget se porte nettement mieux.

Cinq actions pour lutter efficacement contre ces achats immédiats

Bien intégrer le mécanisme des entreprises pour te faire acheter vite

C'est tout ce que je t'ai raconté plus haut. Plus tu auras intégré, mieux tu auras compris, et moins tu seras perméable aux sollicitations. Eh oui, le tour de magie est beaucoup moins fascinant lorsqu'on connaît les ficelles du magicien...

À chaque fois que tu seras confronté.e à une promotion, pense à ce que je t'ai dit : une entreprise n'est pas une œuvre sociale, tout ce qu'elle veut, c'est te faire acheter, point.

Éviter la tentation : te protéger des publicités et autres sollicitations

Là, au moment où je t'écris ça, je visualise un Pokémon qui créerait une barrière de sécurité autour de lui en criant « *Bouclier de feu !!!* » et les pubs ne pourraient plus l'atteindre. J'ai un fils de onze ans en plein dedans, c'est peut-être pour ça.

Il y a plusieurs manières d'être le moins possible confronté.e aux publicités :

- Mettre un autocollant Stop Pub sur sa boîte aux lettres.
- Se désabonner des newsletters des marques.
- Limiter sa consommation d'écrans et de radio.
- Utiliser un bloqueur de pub sur Internet, type Adblock.

Tu ne pourras jamais éradiquer la publicité de ta vie à 100 %, à moins de partir vivre comme un ermite dans la forêt. Dès que tu rencontres un peu de civilisation, tu es confronté.e aux panneaux publicitaires. Dès que tu utilises Internet, pour n'importe quoi, on t'envoie de la pub.

Mais tu peux limiter ton exposition.

Ne plus fréquenter les lieux qui t'exposent aux pièges de l'achat immédiat

Les magasins sont des lieux sans âme, neutres, de simples entrepôts de marchandises en transit entre leur lieu de fabrication et l'endroit où elles atterriront quand elles seront achetées. Ce ne sont pas des lieux de promenade !

Il y a tellement plus épanouissant à faire, dans la vie, que d'errer sans but en faisant du lèche-vitrines…

Être au clair sur tes besoins précis et t'organiser

Finalement, ça signifie décider que c'est *toi* qui reprends le contrôle de ton porte-monnaie, et pas le monsieur payé très cher du service marketing de ta grande marque préférée : *tous tes achats doivent être orientés vers un but.*

Les listes

Dans notre premier livre, *J'arrête de surconsommer*, nous avons vu la très grande efficacité de partir faire ses courses en ayant déjà établi ses menus et avec la liste associée pour maîtriser son budget alimentaire. Cela s'applique également à tous les autres domaines de notre consommation !

On peut entamer différentes listes d'envies :

- Pour les vêtements des enfants.
- Pour les livres qu'on aimerait lire.
- Pour les vêtements qui nous feraient envie.
- Pour les petits objets de déco qui nous feraient plaisir.
- Pour l'aménagement de la maison, etc.

Lorsqu'une envie d'achat survient, note-la sur une liste plutôt que de filer l'acheter tout de suite. Je t'invite également à **noter la date** à laquelle tu inscris tel objet sur une liste, tu verras pourquoi après.

Les enveloppes

Il est également très important que notre budget « non vital » soit aussi bien défini que celui des charges incompressibles. Là encore, nous n'allons pas revenir en détail sur le sujet puisqu'il est abordé de manière assez détaillée dans *J'arrête de surconsommer*, mais c'est un acte fort.

En effet, en agissant de cette façon, c'est toi qui reprends le contrôle : tu n'es plus à la merci des sollicitations, des publicités, des promotions, balloté.e de vente flash en vente privée avec un gros point d'interrogation au-dessus de ta tête à la fin du mois quand tu fais des comptes. Non, là, c'est toi qui définis les contours, et après, à l'intérieur, d'accord, tu peux te laisser balloter un peu ! Je ne suis pas là pour te dire de ne jamais te faire plaisir.

Tu peux donc créer une enveloppe, réelle ou virtuelle, en la tenant à jour sur un fichier, du montant que TOI, tu décides d'accorder aux dépenses non vitales. Le montant peut être revu mois après mois en fonction des aléas de la vie ou des changements de situation, mais jamais en fonction d'achats que tu as envie de faire !

Pour toute envie d'achat : différer de quinze jours

Eh oui ! Je pense que quinze jours est une bonne moyenne.

Évidemment, nous parlons bien là d'achats compulsifs et d'objets qui ne sont pas utiles à notre survie : il est évident que si ta seule et unique paire de chaussures rend l'âme, tu ne vas pas attendre quinze jours pour en racheter ! *(Mais est-ce que ça existe vraiment, une personne qui n'a qu'une seule paire de chaussures ?)*

Bref, tu m'as comprise, laisser passer quinze jours est le plus puissant des remèdes pour lutter contre les achats irraisonnés, car la seule manière de lutter contre l'immédiateté est de **différer**. Tu seras sûrement surpris.e de voir toutes les choses que tu as notées dans tes listes d'envies et que tu vas barrer tranquillement quinze jours plus tard en te demandant pourquoi tu avais envie de ça.

... Et tu te remercieras d'avoir patienté !

Reprendre la main

Es-tu sous pression ?

Ma question peut te sembler étrange, mais figure-toi que souvent, on a tellement intégré la norme de l'urgence, on s'est tellement dit que c'était une vie normale et qu'il fallait s'y adapter… qu'on ne remarque même plus les signes que nous envoie notre corps pour nous demander de ralentir ! Surtout nous, les femmes, d'ailleurs… Nous sommes les championnes du monde du « Je vais bien, tout va bien ! ».

Qu'est-ce que le stress ?

Avant tout, il est important de comprendre que le stress est une réponse à un événement, un stimulus, à quelque chose qui survient dans notre environnement. Notre cerveau perçoit un « danger » et libère des hormones pour faire face à l'épreuve qui nous attend. Ces hormones vont augmenter l'oxygénation du cerveau, mais aussi des muscles, pour préparer tout ce petit monde à faire face : c'est un mécanisme de protection.

Normalement, la merveilleuse machine qu'est notre corps est tout à fait apte à réguler tout ça. Une fois la menace passée, tout rentre dans l'ordre. On est tout à fait capable de gérer des moments de stress ponctuels, et heureusement, sinon notre espèce n'aurait pas survécu !

Là où ça devient embêtant, c'est lorsque le stress se fait chronique, car les effets sur notre santé peuvent être vraiment préoccupants. Il existe des tonnes d'études sur le sujet, mais en vrac : maladies cardio-vasculaires, tension, système immunitaire affaibli, problèmes de peau, de cheveux, de sommeil, digestifs, irritabilité, perte de concentration, prise de poids, perte d'attention, dépression, etc.

… Ça fait rêver.

Burn-out

Lorsqu'on fait des recherches sur le stress, on tombe une fois sur deux sur des articles ou des ouvrages liés au burn-out.

Le travail est notre principale source de stress. Le burn-out survient quand notre corps n'arrive plus à réguler le stress dans le milieu de travail. Les symptômes sont sensiblement les mêmes que ceux du stress chronique, de même que les risques, mais il faut y ajouter des spécificités liées au travail comme la démotivation, la perte de productivité, l'altération du lien avec ses collègues ou sa hiérarchie, ou encore une forte sensation d'être inutile.

Le burn-out n'est pas limité au monde du travail : sur le même modèle, il peut survenir dans le domaine familial ou sentimental.

On encaisse, on encaisse, et puis un jour... notre corps ne régule plus, et on s'écroule.

FOMO et nomophobie

Au niveau des médias sociaux, le culte de l'urgence et de l'immédiateté porte même un nom : la FOMO (*Fear Of Missing Out* = la peur de manquer quelque chose). S'il est difficile de savoir à qui attribuer ce concept étant donné que plusieurs auteurs en revendiquent la paternité, il fait en tout cas de plus en plus parler de lui.

Autre mot compte triple : connais-tu la nomophobie ? C'est la contraction de « *NO MObilePHObia* », la phobie de perdre son smartphone, de ne plus être connecté.e. Elle se manifeste entre autres par la vérification de son smartphone des dizaines, voire des centaines de fois par jour.

Ça en dit long sur la pression et le culte de l'urgence entraînés par les médias, dont les médias sociaux, non ?

Connais-tu l'application *One Hour*?

Elle te permet de voir combien de temps tu passes sur ton smartphone par application, et aussi combien de fois dans la journée tu le déverrouilles. Tu devrais tester, c'est édifiant: on réalise à quel point on effectue ce geste sans s'en rendre compte!

FOMO et nomophobie sont des attitudes compulsives, c'est-à-dire que la personne touchée peut en avoir conscience sans arriver à modifier son comportement.

La *Revue française des sciences de l'information et de la communication* nous apporte des réponses très intéressantes. Marie-Pierre Fourquet-Courbet et Didier Courbet, tous deux professeurs des universités en sciences de l'information et de la communication, ont écrit un article intitulé: « Anxiété, dépression et addiction liées à la communication numérique[9] ».

On y apprend notamment que la communication numérique peut créer chez certaines personnes une véritable tension, voire un repli sur soi et un enfermement dans un monde virtuel au détriment de la « vraie vie ». Elle entraîne un fort sentiment de culpabilité de passer autant de temps devant ses écrans, des ruminations et autres émotions négatives, et même des hallucinations sonores! On y apprend également que 70 % des Français consulteraient leur smartphone toutes les cinq minutes.

Derrière ces comportements aberrants, les deux chercheurs ont décelé évidemment un fort besoin d'être aimé.e, reconnu.e, apprécié.e. Et pour cela, il faut, entre autres, être informé.e en temps réel de tout ce qui se passe *(avant tout le monde, c'est encore mieux, on nous portera encore plus d'attention et on nous*

9. https://journals.openedition.org/rfsic/2910

trouvera vachement plus intéressant si on est le premier à diffuser le scoop).

C'est une nouvelle pathologie qui peut avoir de graves conséquences, mais nous pouvons tous en déceler de petits signes dans nos comportements. *Allez, avoue que toi aussi, quand tu postes une photo sur Instagram, tu guettes le nombre de* likes *et les réponses !* Ou comment se créer de nouveaux problèmes liés au « progrès »...

Quelques signes qui devraient t'alerter

- Tu es fatigué.e : toute la journée, hein, pas que le matin en te levant ou le soir après une grosse journée. Et ta fatigue dure depuis des semaines.
- Tu as des troubles du sommeil.
- Tu as des sautes d'humeur : parfois, tu réponds plus sèchement que tu ne devrais, et après tu t'en veux.
- Tu somatises : tu as toujours un pet de travers. Tu es enrhumé.e pendant des semaines, ça a du mal à passer, tu as fait une chute et tu t'es foulé la cheville, ça s'enchaîne...
- Tu as rejoint la *Team Dory* : depuis quelque temps, tu oublies tout, tu as du mal à te concentrer, tu confonds les heures des rendez-vous... Même si le Post-It est ton meilleur ami, tu ne t'en sors pas.
- Tu manques d'entrain : tu te traînes, tu as mis de côté tes passions et tout ce qui te rendait joyeux.se.

Il va être temps de faire quelque chose, tu crois pas ? T'inquiète, on est là !

Décider que la pression est extérieure à toi

Parfois, dans le cadre de mon travail, je vois la pression arriver, mais j'ai fait une découverte extraordinaire : je peux la voir, mais ne pas la ressentir ! Je peux la mettre à distance. Pour te donner un petit exemple récent :

#3615MYLIFE

Je travaille avec des maisons d'édition qui m'envoient des livres sur mes sujets de prédilection pour que j'en parle sur mon blog ou sur mes réseaux sociaux.
Il m'arrive de recevoir un livre et d'être relancée une semaine après pour savoir si je l'ai lu, si j'ai aimé, et quand je vais en parler ! Au début, j'avoue que ça me stressait un peu. J'avais peur de perdre mes partenariats avec les maisons d'édition si je n'étais pas assez rapide.
Mais en fait, dans ces cas-là, je prends ma plus belle plume et j'explique à mon interlocuteur que pour mes articles, je prends la peine de lire les livres en entier afin de faire des articles de qualité, que l'article est prévu pour telle période dans mon calendrier éditorial (sans être forcément précise si je ne peux pas l'être tout le temps), et c'est tout.
Après, je ne suis plus relancée, et si je l'étais, je ne répondrais tout simplement pas.

Je suis au clair avec mes besoins : comme tout le monde, j'ai besoin d'être aimée, c'est sûr, si mes partenaires et mes lecteurs trouvaient que je produisais du contenu de caca ça m'embêterait, mais rien ne justifie que je me stresse pour un truc qui n'en vaut pas la peine !

La clé de ta sérénité

Des fois, je visualise des choses dans ma tête. *(S'il te plaît, dis-moi que toi aussi, que je me sente moins seule !)* Mon bien-être, ma sérénité, mon apaisement, je les visualise comme un petit jardin à l'intérieur de moi, avec une porte fermée à clé.

Ce jardin, il est vraiment, mais alors vraiment précieux pour moi. Et du coup, je peux te dire que la clé qui ferme la porte, je la garde jalousement, j'en prends soin comme si c'était la chose la plus importante de la Terre, et je ne la donne à PERSONNE.

Moi, je suis comme une maison, avec plusieurs pièces et des portes ouvertes. Même que des fois j'invite des gens dans ma maison, je suis en relation avec des êtres humains. Mais ce jardin, là, dont je te parle, personne n'a le droit d'y entrer. Et surtout pas une personne qui arriverait avec de la pression ou un sentiment d'urgence plein son sac à dos !

Non parce que ce qu'il faut quand même bien dire, c'est que la pression, c'est lourd, c'est encombrant, et donc si les gens peuvent s'en décharger un peu au passage en t'en collant sur ton dos à toi, généralement ils ne s'en privent pas ! Souvent, ils ne le font d'ailleurs même pas exprès.

En fait, il faut que tu apprennes à repérer le sac à dos quand quelqu'un essaie de te mettre la pression, ou attend de toi une réponse ou une action immédiate. *« Ouh, toi mon ami, il a l'air bien lourd, ton sac à dos ! »*

Mais ce n'est pas parce que son sac à dos est lourd que tu dois le prendre. C'est son sac à dos à lui, il lui appartient. Est-ce que tu vois où je veux en venir ? C'est très simple : la pression de l'immédiateté, tu n'es pas obligé.e d'y répondre. Ça ne t'appartient pas. Cette pression n'est pas la tienne.

Nous avons vu plus haut que le stress est une réponse à notre environnement. À nous de changer notre réponse !

Attention à ne pas mettre la pression aux autres, nous aussi !

Je t'ai raconté plus haut l'épisode où j'ai envoyé un mail à la gérante d'une boutique en ligne un dimanche matin, et je n'en suis pas fière. Depuis, j'essaie vraiment de faire attention.

Mettre la pression à l'autre ne part pas toujours d'une mauvaise intention : on a parfois besoin de communiquer notre enthousiasme ou de « déposer » quelque chose ; parfois, la patience n'est pas notre qualité première.

Mais puisqu'on est tous d'accord pour ronchonner sur la pression qu'on nous met, voire sur celle qu'on s'autoapplique, allons plus loin en nous demandant si nous aussi, on ne serait pas entré sans nous en rendre compte dans cette manière d'agir.

C'est bien ça le problème, avec la norme : puisque c'est normal, on ne la voit plus. Donc, puisque nous avons appris à regarder la norme d'un œil extérieur quant à cette injonction d'immédiateté, faisons pareil avec nos propres pratiques.

À QUI METS-TU LA PRESSION ?

Est-ce que ça t'arrive, à toi aussi, d'exiger une réponse ou une réaction immédiate ?

Si oui, auprès de qui, généralement ?

À cocher :

- ☐ Tes enfants : « Bon, tu la mets cette 2e chaussure, on va être en retard à l'école ! »
- ☐ Ton/ta conjoint.e : « Chéri.e, il va falloir penser à aller jeter les verres. » Le lendemain : « CHÉRI.E, IL VA FALLOIR PENSER À ALLER JETER LES VERRES !!! »

→

- Ta copine : « Dis, tu penses à m'envoyer la photo des vacances à Ibiza dont je t'ai parlé hier ? »
- Ton collègue : « Il faut qu'on se concerte pour le dossier TrucMuche. Je te propose ce midi parce qu'après j'aurai plus le temps. »
- Le maçon : « Bon alors il est où le devis que je vous ai demandé hier ? »

Est-ce qu'il t'arrive de faire les actions suivantes :

- Envoyer 7 SMS de suite au lieu de grouper ce que tu as à dire dans un seul message.
- Mettre la pression à quelqu'un car tu es toi-même dans l'urgence.
- Envoyer des mails ou des SMS avant 8 heures du matin et après 19 heures.
- Te rendre compte que tu as manqué de patience et ne pas t'excuser.

Le *Slow Living* pour tous

Pendant très longtemps, j'ai moi aussi subi toute cette agitation. Jusqu'à ce que je découvre que je n'étais pas la seule à ressentir ce « trop vite, trop culpabilisant, trop... tout ! ». Je tâtonnais dans mon quotidien pour essayer de ralentir.

Et puis un jour, j'ai découvert le *Slow Living* !

Le Slow *quoi ?*

Attends, je laisse la spécialiste t'en parler.

Par Cécile Desprès, blogueuse et accompagnatrice en *Slow Living*, www.prioriseretprofiter.com

Le Slow Living est un mouvement qui nous encourage à ralentir le rythme et à simplifier nos vies. Né en réponse à la tendance des fast-foods, il s'est progressivement étendu à d'autres sphères du quotidien, de nos relations à notre consommation en passant par notre travail.

Mon propre chemin vers une vie plus douce a commencé il y a près de sept ans, quand j'ai tapé le mot « zen » dans mon moteur de recherche. Vous comprenez tout de suite que, anxieuse de nature, je cherchais des moyens de relativiser et de gérer mon stress ! En passant de blog en blog, de conseil en conseil, j'ai fini par accrocher à l'idée de minimalisme, c'est-à-dire de privilégier le vécu sur les possessions matérielles. Un peu plus tard, je me suis mise à pratiquer le yoga.

Aujourd'hui, pour moi, avoir une vie *slow* passe principalement par quatre aspects :

- Désencombrer son quotidien pour faire de la place (dans tous les sens de l'expression).
- Être à l'écoute du rythme de son propre corps, se reconnecter à ses vrais besoins.
- Trouver une organisation simple et surtout réaliste par rapport à ses possibilités (*bye bye*, les *to do lists* de 10 km !).
- Apaiser son stress et en particulier sa charge mentale, car l'impression de manquer de temps, c'est avant tout dans la tête.

→

La philosophie *Slow* s'adresse à vous si vous vous sentez dépassé.e, débordé.e, sursollicité.e, surconnecté.e, et tous les mots en « sur- » du dictionnaire ! Elle est extrêmement simple à mettre en pratique dans votre vie (c'est le principe, vous me direz), cela demande juste de se remettre un peu en question, un comportement à la fois. Et quelque chose me dit que si vous lisez ce livre, c'est que vous êtes prêt.e à vous y mettre !

Arrêtons de valoriser la course à l'échalote !

Comme on l'a vu dans les pages précédentes, l'immédiateté est la norme, pire même : elle est valorisée.

Un exemple tout simple : la rapidité est considérée comme une qualité, un avantage. Une personne rapide sera toujours mieux vue qu'une personne lente. Il y a derrière cela une idée de puissance et de performance qui – *ah tiens !* – ne sont pas étrangères aux valeurs du capitalisme actuel et donc de la surconsommation !

Il est donc tout naturel que la rapidité et l'immédiateté soient des arguments de vente. Toujours plus vite, nous faire gagner toujours plus de temps : voilà bien des promesses qui nous envoient du rêve !

Le *Slow Living* commence à faire timidement surface, mais si tu regardes bien, courir et être affairé.e tout le temps sont des comportements encouragés et plutôt bien vus (les médias et les réseaux sociaux sont d'ailleurs une plaie en la matière). Il est de bon ton d'être une « Wonder Mum » qui enchaîne travail, gestion de la maison et des enfants, a des activités personnelles, des engagements bénévoles et une vie sociale bien remplie, tout ça en talons de 12.

Devant ce type de personnes, on ne peut qu'être admiratif ! *Enfin, avouons quand même qu'ils nous énervent et nous font nous sentir complètement nuls.*

De fait, certaines personnes s'épanouissent réellement dans l'action et ont une énergie débordante. Seulement voilà : elles sont très très peu nombreuses. Toutes les autres sont parfois épuisées, en ont parfois marre, mais il ne faut surtout pas le dire.

#3615MYLIFE

Pour ma part, j'ai décidé de le dire.
J'étais bien embêtée de recevoir de nombreux messages sur mon blog ou mes réseaux sociaux vantant mon énergie, alors que l'envers du décor n'était pas toujours glorieux. Je n'avais même pas conscience de renvoyer cette image. J'ai donc changé mon fusil d'épaule et ai décidé de partager toutes les facettes de mon quotidien, les moments où je galope, mes moments *Slow Living*, toutes mes petites actions quand j'ai la pêche, et les moments où ça ne va pas parce que je suis fatiguée.
Les retours sont toujours extrêmement positifs.

Tout le monde devrait signaler à son entourage que cette vie frénétique n'est pas satisfaisante, qu'elle a beau être la norme, on est toutes et tous fatigué.e.s à un moment ou à un autre, et que derrière notre façade de superpersonne « qui gère, Albert ! », il y a aussi l'autre face qui aimerait juste passer quelques heures enroulée dans un plaid avec un bon bouquin.

C'est fou comme on a souvent peur de ce qu'on va penser de nous. Pourtant, pour l'avoir expérimenté, les réactions des autres peuvent être vraiment surprenantes et positives. Il faut essayer, petit à petit, mettre en place une action, ajuster, et trouver ce qui nous convient.

Alors, comment résister à cette immédiateté environnante ?

« J'ai *pas* le temps » : *really* ? Tu te fous pas un peu de moi ?

Peut-être que ce que je vais te dire là ne va pas te plaire de prime abord. Je te présente mes excuses si c'est le cas, et je tiens à t'assurer qu'il n'y a aucun jugement ni aucune malveillance dans mes propos, au contraire.

Peut-être que tu as vraiment la sensation de manquer de temps, que tu travailles à l'extérieur de chez toi à temps plein, que tu passes du temps dans les transports, que tu as des enfants en bas âge dont il faut s'occuper, etc.

J'ai connu ça, moi aussi.

Comme nous l'avons vu plus haut, la pression se trouve à l'extérieur de nous, et ce qui est à l'intérieur, c'est bien ce besoin d'être aimé.e, de bien faire, d'être bon.ne pour les autres, et la culpabilité quand on pense ne pas en faire « assez ». Rien que de prendre conscience de ça entraîne une libération intérieure qui nous fait beaucoup de bien. Mais il y a pas mal de petites choses que nous pouvons mettre en place pour nous alléger encore plus.

Ton temps est précieux, c'est toi le patron

Une autre prise de conscience m'a aidée à avancer dans cette démarche de « ralentir » : lorsque j'ai vraiment, au fond de moi, touché du doigt la sensation que mon temps était précieux, et que même si j'en avais encore beaucoup à l'échelle de ma vie (et encore, comment en être sûre ?), c'était une denrée limitée !

Je me suis donc retrouvée avec cette pensée : il y a mon temps dont je ne dispose pas librement, et il y a mon temps libre.

Quand j'ai fait le bilan, j'ai découvert que je donnais plus des 4/5e de mon temps de vie, de mon temps sur cette Terre, pour des activités que je n'avais pas choisies ! *On est loin de manger sa banane sur la plage, là !*

Je me suis alors posé cette question : qu'est-ce que je ferais si j'étais totalement libre de mon temps, si je n'étais pas pressée comme un citron dans cette vie d'urgence et d'immédiateté ?

Lister mes activités vraiment ressourçantes

J'entends beaucoup de gens se plaindre du manque de temps et de ne pas pouvoir pratiquer d'activités dans lesquelles elles s'épanouissent vraiment, voire se reposer :

- La lecture, l'écriture, la méditation, ou pour les plus créatifs le dessin, la peinture.
- Le jardinage, le bricolage.
- Rendre visite à des ami.e.s ou à des membres de sa famille qu'on n'a pas vus depuis longtemps.
- Faire l'amour, eh oui !
- Ou aussi, tout simplement, rêvasser ou SE REPOSER. Nous en parlerons plus bas.

Traquer les activités chronophages et inutiles

Les écrans

Tu t'attends sûrement à ce que je te dise de lâcher ton smartphone et d'arrêter de « scroller » indéfiniment sur ton fil d'actualité, de lire un article qui t'amène à un autre, d'une vidéo de chats aux photos de stars les plus massacrées par la chirurgie esthétique ?

Oui, je vais le faire.

Si tu ne sais pas ce que veut dire *scroller* : il s'agit de faire défiler le contenu sur ton ordi ou sur ton smartphone avec ton pouce, là, tu vois, les yeux un peu dans le vague, pas vraiment concentré.e.

- Tu commences à regarder quelque chose, ça t'amène à d'autres contenus et pouf ! Faille spatio-temporelle de 45 minutes !
- Tu te mets à regarder un épisode de ta série préférée sur Netflix et « Oh ! », te voilà rendu.e à la fin du 3e épisode deux heures plus tard.

Au début de cette partie, je t'ai demandé si tu ne te foutais pas un peu de moi quand tu dis « J'ai pas le temps ». Mon idée est très simple : si on a le temps de scroller sans but sur la Toile une ou deux heures par jour (je ne considère pas tout ce qu'on fait quand on est connecté.e comme du « scrollage », car les Français passent en moyenne 4 heures par jour sur leurs PC et leurs smartphones), on peut utiliser ce temps autrement. Non mais sérieusement, est-ce que ça vaut le coup de regarder une 7e vidéo de gens qui se cassent la figure pour ensuite courir pour faire à manger et coucher les enfants dans les temps ? Est-ce que ça vaut le coup de se priver de sommeil pour regarder un épisode de plus ?

Peut-être que tu as envie de me répondre que ça te vide la tête et que ça te fait du bien.

Eh bien moi, je ne pense pas ! Au contraire, je crois que ça ne comble en rien ton besoin de te ressourcer, et même pire, que ça augmente les symptômes de ton stress, puisqu'on sait très bien que trop d'écrans altèrent la concentration et empêchent l'endormissement. Ça ne te repose pas. Ça ne t'apporte rien de réparateur.

Autres intrus chronophages

Même si les écrans sont devenus un vrai problème dans la gestion de notre temps, ils ne sont pas les seuls responsables. Il y a également plein de petits événements ou contraintes qu'on s'impose à soi-même et qui grignotent notre temps !

- **La cuisine :** là encore, on mise sur la simplification. Non mais à quel moment on se lance dans une préparation culinaire d'1 h 30 un soir de semaine ?
- **Le ménage :** certaines personnes passent une quantité de temps énorme chaque jour à ranger, nettoyer, etc. La routine de la semaine doit être ultraminimaliste et, d'accord, on se penche un peu plus sur la question le week-end. Non, on ne s'attaque pas à nettoyer son frigo le mardi soir entre le solfège du grand et les devoirs de la petite, non.
- **Le temps passé dans la salle de bains :** non, les enfants n'ont pas besoin de prendre un bain chaque jour. Vraiment ! Une débarbouillette à l'eau avec un gant suffit amplement un jour sur deux, et c'est meilleur pour leur peau.
- **Notre vie sociale :** on peut décider d'un week-end par mois totalement *off*. Chez moi, le dimanche, c'est sacré : déjà, c'est le jour du brunch, et je ne veux aucune obligation ce jour-là.

En bref, l'idée est de faire la chasse à toutes ces minutes perdues car mal utilisées. En réduisant le temps passé à faire des choses qui ne nous apportent rien, on peut facilement en gagner pour faire quelque chose qui nous fait vraiment du bien.

S'organiser et redonner à chacun ses responsabilités

S'organiser

Il n'y a pas de secret : s'organiser fait gagner du temps… Du moins éviter d'en perdre.

Sans pour autant devenir un maniaque du contrôle, quelques gestes simples permettent de ne pas se noyer :

- Avoir un agenda, papier ou numérique, bien tenu à jour et le consulter régulièrement.
- Tenir un *bullet journal* (voir encadré).
- Tenir une liste de courses.
- Grouper ses déplacements.
- Grouper ses activités par catégories plutôt que de sauter d'une tâche à l'autre.
- Anticiper les événements (anniversaires, invitations, etc.) pour ne pas avoir à courir au dernier moment.

Le *bullet journal* no prise de tête

À l'origine, le *bullet journal* a été inventé par un graphiste new-yorkais, Ryder Caroll, simplement pour créer un outil qui aiderait les gens à s'organiser. Il a imaginé une certaine technique à mettre en place dans un carnet : un index, des collections (des sortes de listes de tout ce qu'on veut : films à voir, envies, projets…), des feuilles de routes sur différents niveaux de temps pour mener à bien ses projets, et quelques icônes pour s'y retrouver dans ses tâches (à faire, en cours, fait).

→

Le problème, c'est que l'engouement pour le fonctionnement de ce petit carnet a pris des proportions démesurées ! Certains forums et groupes Facebook se sont créés sur le sujet pour rassembler les passionnés, et ça devient la foire à qui aura le plus de collections, le plus beau carnet, des millions d'autocollants pour faire joli, les derniers feutres à la mode pour faire des œuvres d'art de mise en pages chaque semaine…
Le *bullet journal*, sensé être le disque dur externe de notre cerveau, se met dans ces cas-là à nous prendre la tête et à nous mettre la pression - ironique, non ?
Pour ma part, après plusieurs essais infructueux, j'ai trouvé l'organisation qui me convient : un agenda où j'ai la place de noter mes tâches quotidiennes, hebdomadaires et mensuelles. C'est tout. Mon « agenda bullet » est là pour me servir, pour m'aider à m'organiser et me simplifier la vie, certainement pas pour me la compliquer !

Des astuces concernant l'organisation, il y en a des tonnes, et ce n'est pas l'objet ici. Je voulais juste te sensibiliser au fait que si tu es un minimum organisé.e, ça t'évite de courir au dernier moment pour accomplir une tâche urgente ou faire un achat, et donc potentiellement d'acheter n'importe quoi parce que tu n'as pas eu le temps d'y réfléchir !

Redonner à chacun ses responsabilités

Je suis intimement persuadée que nos vies sont trop remplies et que l'on court après le temps parce que d'un côté on (la société, notre entourage) fait reposer trop de choses sur nous, et de l'autre, nous sommes nous-même notre pire tyran.

Tu te rappelles de l'histoire du sac à dos, de comment on peut voir l'autre arriver de loin avec sa pression et décider que ça lui appartient et qu'on ne prendra pas son sac ? Eh bien c'est pareil pour tout, en fait. On n'a pas à tout prendre, on n'a pas à tout faire. Je ne vais pas me lancer maintenant dans une tirade sur le partage des tâches domestiques *(et pourtant ce n'est pas l'envie qui m'en manque, crois-moi)*, mais à un moment : chacun son sac à dos !

Chaque personne qui vit dans le foyer, qui mange, qui s'habille, qui a des contraintes professionnelles ou scolaires, en fonction de son âge et de ses possibilités, doit se prendre en main lui-même. *(Non, je n'ai pas dit qu'il fallait déléguer la tonte de la pelouse à son enfant de quatre ans.)*

En redonnant à chacun ses responsabilités, on gagne un temps qui nous permet de mieux nous organiser, faire nos petites recherches, nous reconnecter à nos besoins, et ainsi ne plus être à la merci de l'immédiateté dans notre quotidien.

Une activité « en conscience » chaque jour

Il faut que je t'avoue quelque chose : je suis une bille en méditation. Je te promets que j'ai essayé, plein de fois. Je n'aime pas, ça ne me correspond pas. Du coup, quand j'ai découvert la pleine conscience, ça a été une révélation pour moi, puisque finalement, c'est une sorte de méditation aussi, mais liée au quotidien.

La pleine conscience, c'est d'être vraiment, pleinement et entièrement concentré.e sur ce que tu es en train de faire. À toutes les personnes au cerveau débordant comme le mien, je vous le dis : ce truc est magique !

Pour te donner un exemple, je fais souvent plusieurs choses à la fois : je lis deux livres en même temps, je discute par SMS pendant que je suis en train d'écrire ce livre (hum), etc. Avant, pendant que je cuisinais, je me mettais une vidéo ou un épisode d'une série. J'ai arrêté. Quand je cuisine, je me force à ne faire que ça.

Ce n'est pas naturel chez moi, mais c'est comme un exercice de méditation dans mon quotidien.

Pour aller encore plus loin, je pense qu'il est primordial de pouvoir s'accorder au moins trente minutes par jour rien que pour soi. *Et pas question de* scroller *pendant ce temps !*

L'art de la sieste : ménager des plages de... rien !

Je tiens à dédicacer cette partie à mon merveilleux amoureux qui m'a fait découvrir, au grand âge de trente-cinq ans, l'art, l'utilité, que dis-je, la nécessité de la sieste.

C'est un comble, cette histoire de sieste : quand on est petit, on la perçoit comme une punition, quand on est grand, on en rêve mais on ne se l'autorise plus !

Je vais écrire en gros pour que tu comprennes bien mon idée : NOUS AVONS BESOIN DE NOUS REPOSER, ET NOUS REPOSER N'EST PAS UN SIGNE DE FAIBLESSE NI DE FAINÉANTISE !!!

Que notre travail soit physique ou non, nous avons une charge mentale énorme aujourd'hui, et notre corps et notre cerveau ont absolument besoin de temps « off ». De plus, selon « Santé Publique France[10] », les Français ont perdu entre une heure et une heure et demie de sommeil par jour en cinquante ans. Leur temps de sommeil est passé sous la barre des sept heures par nuit.

Je pense que comme tu n'as pas assez dépoussiéré ton temps « subi », tu essaies de gratter du temps de loisirs sur les heures de sommeil. *Mauvaise stratégie !* Ton corps n'aime pas le manque de sommeil et le manque de repos, vraiment, il te le fera payer un jour ou l'autre.

10. www.santepubliquefrance.fr

Des plages de repos doivent absolument être aménagées dans ta vie : vingt minutes le midi, une heure ou deux les après-midi le week-end, un ou deux jours entiers pendant les vacances... Ces plages doivent même être planifiées et notées dans ton agenda s'il le faut, ou intégrées fermement à une routine. Ce sont de vrais rendez-vous.

Ce n'est pas de la fainéantise !

Comme on dit : « Qui veut voyager loin ménage sa monture » ! Ceux qui critiquent ces temps de glandouille, libre à eux de se détruire la santé en se surmenant, et tant mieux pour eux s'ils se sentent glorieux de ça !

Ce n'est pas du temps perdu !

Depuis que je suis à mon compte et que j'ai par conséquent eu l'occasion de me reconnecter à mon rythme naturel, je n'ai jamais été aussi efficace. Les premiers mois, j'ai lutté contre le besoin de repos du début d'après-midi. Résultat : ça me flinguait ma demi-journée.

Franchement, même stratégiquement, il vaut mieux s'arrêter une heure et être reparti pour trois à fond les ballons que lutter pendant quatre heures, on est beaucoup plus productif !

Te faire passer en premier

Dans cette partie,

- On a vu les formes que pouvait prendre la pression liée à l'immédiateté.

- On a vu comment elle pouvait se déguiser quand elle venait de l'extérieur, et on a aussi appris à décrypter ce qui se passait à l'intérieur de nous lorsqu'on y est confronté.e.
- On a cherché des astuces pour aménager notre quotidien, lutter contre une des facettes vraiment vicieuses de la surconsommation et pour la mettre à distance, cette satanée pression.

Mais finalement, je crois que la chose la plus importante à retenir de ce chapitre, c'est : *Fais-toi passer en premier.*

Écoute-toi, écoute ton corps. Remets toujours en question la norme par le filtre de ton intuition. Rends aux autres (entourage, travail, système économique) ce qui leur appartient.

Ce n'est pas de l'égoïsme.

Il n'est pas question non plus de culpabiliser si on n'est pas Madame Parfaite qui met son réveil une heure plus tôt le matin pour méditer, boire son jus détox, faire son yoga et s'adonner à une activité créative... Tu peux juste ajouter des petites touches de *Slow Life* dans ta vie, voir ce que ça fait et ajuster :

- Décider de ne plus cuisiner le vendredi soir, faire une soirée « restes » ou plateau-télé.
- Te caler un moment pour toi dans la semaine et bloquer une demi-heure dans ton agenda puisque c'est un vrai rendez-vous avec toi-même : instant beauté, bain, lecture, coloriage, écriture...
- Refuser gentiment une invitation un dimanche et passer la journée en pyjama.
- Décider de couper ton téléphone après le repas du soir.

Il y a mille petites choses que tu peux mettre en place pour souffler dans ton quotidien, pas toutes en même temps, mais tu verras qu'on y prend goût !

J'irais même encore plus loin, et je te promets que je n'ai pris aucune substance illicite en écrivant cela : je crois sincèrement que le monde a besoin de personnes reposées et patientes, qui ne foncent pas tête baissée dans leur rythme infernal du quotidien sans se poser aucune question. Car il est bien là, l'enjeu : se poser des questions, se remettre en question. Si tu n'avais jamais appuyé sur le bouton « pause » dans ta vie, tu ne serais pas intéressé.e par le sujet de la consommation, du zéro déchet, du minimalisme, du pourquoi on en est arrivé là, qu'est-ce qu'on peut faire, etc. *Tu n'aurais pas ce livre dans tes mains...*

Tu te demandes peut-être ce que viennent faire ces lignes sur la méditation, la pleine conscience, la sieste, l'organisation, dans un livre qui est sensé te donner des pistes de réflexion pour mieux consommer ?

Pour moi, le lien est assez clair : notre consommation est le reflet de qui on est et donc de comment on vit. Si on a tendance à céder aux sirènes de la surconsommation, et particulièrement des promos et autres ventes flash, c'est qu'on n'a pas eu le temps de réfléchir en profondeur à cette notion d'immédiateté parce qu'elle est trop présente dans nos vies.

Pour pouvoir reconnaître le sac à dos des grandes marques, il faut déjà comprendre cette notion de sac à dos dans nos vies en général. Plus on s'éloigne de la frénésie dans notre quotidien, plus la frénésie liée à la surconsommation nous paraît visible : c'est un cercle vertueux.

Bien sûr, passer en mode *Slow Life* ne se fait pas du jour au lendemain. Le concept n'est d'ailleurs pas appliqué de la même façon d'une personne à une autre, et ce n'est pas grave : l'essentiel est de trouver un fonctionnement qui nous correspond !

S
comme Semblable

Par H Mc Calloway, titulaire du grade ultime en Force Pure

L'abus de consommation responsable rend heureux

L'abus de consommation responsable rend heureux

L'abus de consommation responsable rend heureux

L'abus de consommation responsable rend heureux

Méthode BISOU, épisode III, La guerre des clones : Prologue

La République Galactique est en pleine ébullition. La sénatrice
Amidala a déclaré une guerre sans merci aux fourbes

mercenaires de la Fédération du Commerce qui rendent
ses sujets exsangues et détruisent en secret

les précieuses ressources de la Galaxie : les clones,
ces objets d'apparence insignifiante

infiltrés partout au cœur des foyers de Naboo.

Alors que le Congrès de la République s'enlise
dans des débats sans fin, deux Jedi

tentent de déjouer le plan machiavélique
de la Fédération du Commerce.

Mais pour cela, elles doivent convaincre les habitants
de Naboo, un par un.

La guerre des clones se prépare…

Tin-tin-tintin-tin-tintin-tin-tintiiiiiiiiiiiiiin/Tin-tin-tintin-tin-tintin-tin-tintinn/Tii-tin-tintin-tin-titintintin-tintiiiin/Tin-tin-tintin-tin-tintin-tin-tintiiiiiin

Toi-même, tu sais...

Bon.

Le truc avec S comme Semblable, c'est que c'est quand même pas un scoop. Dans 90 % des cas, avoir plusieurs objets qui remplissent la même fonction (et donc, corrélativement, tes placards) ne sert à rien. Mais ça vide bel et bien ton porte-monnaie, aucun doute là-dessus ! Et tu le sais probablement déjà.

On est bien d'accord.

Donc voilà : quand j'ai hérité de l'écriture de ce chapitre (*en plus, mon* **mojo** *s'étant fait la malle en même temps que ma vie maritale, je séchais un peu, j'avoue)*, j'aurais bien juste écrit : « S comme Semblable : **TMTC**. »

Marie m'aurait dit « OK mais c'est vachement **Corben Dallas** quand même. »

Et bien sûr, elle aurait eu raison. Déjà, ça se fait pas trop de présenter un bouquin où un chapitre ne contient qu'une phrase : ç'a beau être conceptuel, mon petit doigt me dit que ça serait pas trop passé du côté de l'éditeur ! Et ensuite, s'il y a besoin de le dire, de faire circuler tout un tas d'infographies à ce sujet sur les réseaux sociaux, c'est bien que c'est pas si évident que ça.

… et pourtant ! D'où vient ce besoin de racheter, d'accumuler, de collectionner ?

Oui mais quand même, TMTC. Je vais te donner quelques exemples que j'ai personnellement vécus il y a quelques années, mais tu peux transposer avec tes propres objets fétiches :

- Tu as déjà quatre paires de sneakers noir et blanc en plus de tes autres pompes, et tu flashes sur une cinquième : *« Mais siiiiii regarde bien, y a des petites différences là et là !! »*
- Tu as déjà huit montres et tu VEEEEEEUUUUUX la petite dernière de chez Swatch : *« Bah quoi, j'adore accorder ma montre avec ma tenue et celle-ci serait raccord avec ma tenue vert anis ! »*
- Tu as déjà au moins cinquante verres et tu veux acheter préférentiellement la bouteille de bière Truc parce qu'il y a un superverre à bière dans le coffret : *« Nan mais c'est normal d'avoir plein de verres, imagine, j'invite huit personnes et les huit veulent de la bière, il leur faut bien des verres, je vais pas leur servir l'apéro dans des verres à moutarde ! Donc faut un service de verres à vin, un pour le martini, un pour le whisky, un pour les digestifs, etc. Cinquante c'est pas si énorme que ça en fait, je suis large ! »*

J'ai été comme ça pendant la majorité de ma vie d'adulte, il n'y a donc aucun jugement de ma part, mais maintenant que j'ai pris du recul, je te le dis : *ça vire à la collectionnite aiguë, cette histoire.*

Eh ouais, on vit toutes et tous avec des minicollections de plein de trucs dans nos placards.

Et on se raconte qu'en fait, chaque objet a sa spécificité : bien que semblable (même fonction, même utilisation), il a cette petite différence qui fait qu'il a toute sa place dans notre vie, qu'il la rend plus riche et plus diversifiée.

Dans le premier chapitre de ce livre, le B de Besoin, toi et moi on a discuté du besoin d'achat en général.

Là, je vais te demander de te concentrer sur ce qui te pousse à RACHETER quelque chose que tu possèdes finalement DÉJÀ.

Si si, me filoute pas s'il te plaît, je suis passée par là avant toi : avoir huit montres ou même deux ou trois et en acheter une de plus, quelle qu'en soit la raison, c'est bel et bien racheter quelque chose qu'on a déjà. On vit très bien avec une seule montre, ou même avec zéro. Croix de bois, croix de fer, si je mens j'vais en enfer.

Se conformer à la norme sociale de diversité

Quand on vit dans une société donnée, à une époque donnée, on a tendance à se conformer naturellement à la norme sociale en vigueur. Voici un exemple pratique relevant directement du S de Semblable : les verres à bière.

- « Quand on reçoit, il faut se mettre en quatre pour les invités. »
- « Ça ne se fait pas de proposer à des invités de boire la bière à la bouteille, on n'est pas chez mémé ! »

Ces deux phrases sont liées à des normes sociales. Et tu sais quoi ? Elles collent une pression supplémentaire sur ton quotidien alors qu'en fait, **on s'en bat les ovaires**. Tout simplement. Et voici pourquoi :

- « Se mettre en quatre » ne veut pas forcément dire sortir l'argenterie, mais être attentif au fait que tes invités passent un bon moment.

- Ils ne passeront pas un meilleur moment *grâce* au verre que tu sors, non. Ils passeront un bon moment parce que vous allez discuter, rire, partager un moment *relationnel* de qualité.
- Non, ils ne vont pas te juger et encore moins te **canicher** pour une histoire de verres. En fait, ils n'en ont rien à carrer, parce que tu sais quoi ? Ils ne viennent pas pour tes verres, ils viennent pour TOI. Si réellement ils te jugent, je crois qu'il est temps de te poser la question de la pertinence de votre amitié, tout simplement.
- Donc, si avant j'avais un placard rempli de verres à bière, maintenant j'en ai quatre. La plupart du temps, je demande s'il est nécessaire de sortir un verre et la personne répond : « T'embête pas, à la bouteille ça sera aussi bien. » CQFD. Je n'ai jamais perdu un seul ami pour cause de non-sortage de verre à bière.

Toutes ces phrases n'ont pas de rapport réel avec tes invités et leur bien-être, mais avec l'image que TU as de TOI-MÊME et que tu souhaites renvoyer. Sincèrement : juges-tu tes amis sur ce genre de choses ? Je parie que non. Si tu ne le fais pas, dis-toi qu'ils ne le font pas non plus.

C'est la même chose pour les phrases suivantes : « On va pas les inviter, on n'a rien à boire/à manger ! » ; « Arriver les mains vides, ça ne se fait pas » ; « Proposer à la dernière minute, ça ne se fait pas ! », etc. #CQFD.

#3615MYLIFE

En matière de S comme Semblable, j'ai un bel **envers de la connasse** à te raconter.
L'année de ma séparation, il va sans dire, a été une année assez difficile. Et au bout de quelques mois, PAF : une envie de fringues et de maquillage me tombe dessus, aussi impérieuse qu'une envie de pisser. J'en avais déjà suffisamment et c'était

vraiment le combo du besoin doudou et de l'objet qu'on a déjà. Jackpot !
Quand même, avant d'entrer mon code de carte bleue à tout-va, je me suis demandé à quel besoin correspondait cette envie, et j'en ai profité pour différer un peu. (B : Check, I : Check.)
Le besoin le plus fort était celui de réconfort. Parce qu'à ce moment-là, je me sentais entièrement piégée dans mon quotidien de maman, j'avais l'impression de tourner comme un lion en cage. Je me sentais fade et terne.
Bien sûr, je SAVAIS qu'aucune nouvelle fringue ne me rendrait mon **mojo**, mais j'avais envie de me sentir belle et de donner le change en société. En gros, si tu brilles pas, recouvre-toi de trucs brillants, élémentaire mon cher Watson. *Et fuck le rayonnement intérieur, c'est plus facile à dire qu'à faire* ***BERDOL****, tu te crois chez les Bisounours ou bien ?* **#canichemood**
Tu l'as deviné, j'étais très proche du burn-out. Et j'étais la cliente parfaite pour le marketing doudou, même si j'avais écrit deux ans avant un bouquin intitulé *J'arrête de surconsommer, blablasauvonslaplanète*.
J'aurais donc tout à fait pu dévaliser des enseignes cracra, exploitant d'autres êtres humains, des animaux et toute la planète. Je te jure : RANAFOUT'.
Consumérisme : 1/Méthode BISOU : 0
Fort heureusement, faute de budget, j'ai été prioritairement sur Vinted, *OUF*.

Un besoin se répète tant qu'il n'est pas entendu

Parfois, on rachète des objets semblables parce qu'un besoin, quel qu'il soit, agit en sous-marin et n'est absolument pas entendu. Or, le truc marrant avec les besoins, c'est qu'ils ont fâcheuse tendance à se répéter tant qu'ils sont ignorés. Autrement dit, tu achètes des objets en croyant répondre à un besoin, mais si tu te goures de besoin, ces objets ne suffisent jamais, et c'est le drame.

En l'occurrence, même si j'avais tout ce qui me fallait avec mes anciennes fringues et que donc, j'ai failli au S de ma propre méthode (bouh !), je ne m'en suis pas trop mal sortie : j'ai au moins pu limiter ma fringale vestimentaire à quelques pièces parce que j'ai bien réfléchi aux différents besoins qu'il y avait derrière et que donc, parallèlement, je me suis écoutée et chouchoutée.

- J'avais avant tout besoin de réconfort, de calme, de cocooning, de repos, de me retrouver seule parfois : j'ai réorganisé ma maison, je l'ai désencombrée, de sorte qu'elle devienne pour moi mon refuge, comme Marie et sa **Grotte**. Avant de le vivre, d'ailleurs, je comprenais le concept de Grotte mais je ne mesurais pas à quel point il pouvait être essentiel et ressourçant.
- J'ai aussi appris à expliquer à mes enfants que je n'étais pas disponible dans ma tête H24, qu'il fallait qu'ils se responsabilisent et qu'au moins, ils fassent ce qui était à leur portée. Ce n'était pas tant qu'ils ne le faisaient pas avant, mais je devais le leur rappeler sans cesse. Là, je leur ai demandé, en gros, de me libérer un peu de charge mentale en se débrouillant pour toutes ces tâches sans me solliciter systématiquement en me forçant à répondre : « Non, tu peux le faire, tu le fais. » Ça entre petit à petit dans les mœurs.
- J'ai accepté d'arrêter de culpabiliser de demander à mes parents de prendre les enfants en week-end régulièrement pour dormir, buller, regarder des séries en buvant du thé sous un plaid.
- J'ai enfin limité les activités extrascolaires des enfants, bref, j'ai finalement suivi le cheminement que Marie vient de te décrire dans le chapitre sur l'immédiateté et tu sais quoi ? **Ça a marché. #preuveparlexemple**

Quelques années auparavant, à l'époque (et à l'occasion d'ailleurs) du harcèlement professionnel dont je t'ai parlé dans le premier chapitre, j'avais eu également un épisode de boulimie vestimentaire, mais comme à l'époque je ne m'étais pas posé la question de son origine, je m'étais mise à racheter encore et encore, comme si mon bien-être entier dépendait de mon look. Fatalement, ce n'était jamais suffisant.

Besoin de sécurité, de se rassurer

Je vais maintenant te demander de visualiser une chaise. Une seule assise, un seul dossier, mais **quatre pieds**. Ils sont certes plusieurs, mais chacun de ces pieds est nécessaire : si l'un vient brutalement à manquer, l'équilibre est rompu et tu te casses lamentablement la figure.

Bon. L'une des raisons pour lesquelles on a tendance à avoir plusieurs objets avec la même fonction, c'est parce qu'on les prend pour des pieds de chaise, c'est-à-dire pour des garants de notre équilibre vital.

Et finalement, des pieds de chaise, il en faut quatre mais on peut en mettre plus : comme ça, on peut en casser ou en perdre quelques-uns sans compromettre la sécurité et l'équilibre de l'édifice.

En fait, tout ça se résume à une seule peur : celle de manquer ! Le manque produit chez l'être humain une sensation d'insécurité, parfois même une belle montée d'angoisse. Il en découle donc un besoin de se rassurer.

- Dans notre consommation, ça se traduit par le fait d'avoir plusieurs fois le même objet « au cas où » (on va y revenir !).
- Dans notre vie, ça se traduit par la mise en place, parfois même inconsciente, de rituels et de routines. Finalement, dans un couple, on a beau râler sur la routine, la détester au

point de parfois finir par la fuir, ce n'est pas pour rien qu'on a tendance à toujours retomber dans le panneau !

Quelques techniques ciblées pour t'aider à résister à l'achat de choses semblables

Le S de Semblable, tu l'auras compris, il est piégeux, parce que la cupide Fédération du Commerce se sert de mécanismes profondément ancrés en nous : le besoin de se rassurer, la peur de manquer, et plus fondamentalement la tendance humaine à ignorer les véritables raisons qui nous poussent à agir, j'ai nommé : l'inconscient.

Bon, je ne vais pas te dire que ton unique planche de salut est la psychanalyse. *Quoique, haha.* Mais on va dire que ce n'est pas le sujet de ce livre.

En revanche, je vais te proposer quelques pistes pour t'aider à résister à ce type d'achat.

Oui mais c'était gratuit !

Haha, on connaît tous la phrase « si c'est gratuit, c'est toi le produit ». En gros, les enseignes misent, comme l'a expliqué Marie, sur l'effet de fidélisation du cadeau, mais surtout sur ce que tu vas acheter à côté.

Il faut avouer que la plupart du temps, ce qui est gratuit, c'est surtout complètement pourri. Les jouets McDo par exemple : ils sont moches, ils se cassent et ils ne présentent strictement aucun intérêt. SAUF QUE ! Comme McDo les sort bien souvent en collections, ça active la « collectionnite aiguë » de ton enfant, qui donc veut revenir encore et encore pour compléter son butin. Bien sûr, sur place, toute ta petite famille va manger, alors que tes placards sont pleins. L'enseigne se ménage donc un accès de choix à ton porte-monnaie en se servant de tes enfants comme appât. *Vicieux, non ?*

NB : ça fonctionne aussi avec les adultes. Tu ne me crois pas ? Il me semble pourtant qu'on est nombreux à avoir dans nos placards des verres Coca-Cola de couleur que l'on pouvait « collectionner » en prenant des menus Jesaispukoi au McDo à une certaine époque...

Donc voilà. OUI c'est gratuit, mais : en as-tu déjà suffisamment ? Oui. Donc, tu peux refuser de les prendre, même si tu manges quand même un menu Jesaispukoi. Promis juré, ça fait drôle la première fois, mais une fois que tu as goûté au plaisir de vivre simplement dans une maison plus aérée, c'est l'inverse (qu'on te refourgue un verre dont tu n'as pas besoin) qui finit par t'emmerder au plus haut point.

Pose-toi et prend la mesure de l'ampleur de la catastrophe

- Réalise un petit inventaire des doublons et objets semblables dans ton intérieur. Pas simplement de tête : pour que ça soit vraiment marquant, il est préférable que tu ouvres tes tiroirs et tes placards et que tu notes sur un bout de papier le nombre d'exemplaires en ta possession.
- Chiffre l'argent que ça représente. Grosso modo, pas besoin de vérifier la cote argus non plus ! Fais-le pour chaque type d'objet, même si le doublon te semble justifié. *Par contre, toi là-bas au fond de la salle, pas de mauvais esprit ! Je ne te demande évidemment pas de chiffrer tes fourchettes et tes couteaux (sauf si tu en as plus de quinze de chaque !).*
- TADAAAM ! Il est temps de découvrir combien représente pour toi ce S de Semblable... !
- Enfin, demande-toi pour chaque doublon sa raison d'être dans ta maison. Note ta réponse sans jugement, tu comprendras un peu plus tard pourquoi.

Mettre en place une tirelire pour un projet qui te tient à cœur

Mettre de côté réellement l'argent économisé quand tu n'as pas acheté quelque chose et le dédier à un projet auquel tu tiens et qui te ferait du bien, un voyage, des vacances, un hammam entre copines, un après-midi massage, pourrait être une façon ludique de freiner ce type d'achat et une source de motivation insoupçonnée !

Visualise ce que tu as déjà quand l'envie pointe son nez

Maintenant que tu as en tête l'étendue de tes doublons, triplons, sextlons, que sais-je, laisse-moi te dire que tu n'aborderas plus jamais tes achats de la même manière. Pardon d'avance si je te grille un de tes petits plaisirs, mais si tu lis ce livre, c'est que tu as envie de changer, non ?

En effet, chaque fois que tu auras envie d'acheter un truc, désormais, tu visualiseras ce que tu as déjà.

Et crois-moi, même si tu te donnes encore plein de bonnes raisons pour l'acheter quand même, tu auras une nouvelle petite voix qui te dira : « Ah oui, tu l'as déjà en plusieurs exemplaires, tu as déjà dépensé tout ça pour cette catégorie d'objets, tu crois que c'est nécessaire et raisonnable ? »

Bref. L'important, c'est que la pointe de culpabilité aura changé de camp : au lieu d'acheter *parce que* tu culpabilises (de pas être parfait.e, de pas accorder assez de temps à ton quotidien, à tes proches, à toi-même, etc.), tu *culpabiliseras d'acheter* parce que tu auras réalisé que ça te coûte, que ça te prend de la place et surtout, que ce n'est pas ça dont tu as besoin. Ton porte-monnaie te dira merci, et surtout, ça lancera ton imagination sur d'autres manières bien plus efficaces de prendre soin de toi et des autres !

Si un nouvel objet entre, un autre doit sortir

C'est une astuce très efficace ! Elle consiste à te dire que si tu achètes un objet alors que tu en as un ou plusieurs qui remplissent cette fonction, un autre de la même collection doit sortir de ta maison.

Se séparer des objets détenus en plusieurs exemplaires

Maintenant que tu as compris un peu plus ce qui te pousse à acheter des objets semblables, et que tu as une idée de la manière de refréner ce type d'achat, je vais profiter de ce chapitre pour t'encourager à te séparer de tous ces clones. C'est vraiment la suite logique de cette démarche.

Tu remarqueras que j'ai bien dit « la suite » et non « le début ». À mon sens, trier et vider, en soi on va pas se mentir : si tu as deux mains, une surface plane et un peu (OK, beaucoup) de temps devant toi, c'est techniquement pas sorcier.

En revanche, tant que tu n'as pas une petite idée de pourquoi tu accumules, tu peux toujours ranger et désencombrer, le bordel finira toujours par revenir, sournoisement, sous une autre forme, tels les Réplicateurs dans StarGate SG1. *(Ouais. Encore une série que les moins de trente ans ne peuvent pas connaître. Mais ça collait au thème intergalactique de ce chapitre.)*

Mais pourquoi me séparer de mon bordel s'il ne me dérange pas ?

T'étais pas obligé.e de m'interrompre, mais je te pardonne, c'est une fort bonne question. Et si le désencombrement c'était une histoire de mode, une sorte de diktat moderne ? Pourquoi se séparer d'objets que j'ai déjà achetés ? Autant que je les garde, maintenant qu'ils sont là, non ?

Pourquoi l'argument « je l'ai déjà acheté, autant que je le garde » ne tient pas ?

Je parie que « Je m'en fous, tu peux le jeter, je l'avais eu gratos à la fête de la Pomme » et « Quand même, vu combien je l'ai payé, je vais pas le laisser partir comme ça ! » sont deux phrases qui te sont familières.

- Eh oui, souvent, on a tendance à se séparer plus facilement des objets qu'on a obtenus gratuitement que de ceux qu'on a payés. Même si ces derniers ne nous ont finalement presque jamais servi, ne nous plaisent plus et nous encombrent.
- C'est un comportement tellement courant qu'il a sa théorie dédiée, celle des coûts irrécupérables. Elle désigne l'ensemble de comportements irrationnels qui t'amènent à poursuivre un projet ou une action parce que tu y as déjà investi de l'argent et/ou du temps.
- Pourquoi ce comportement est-il irrationnel ? Parce que tu ne pourras jamais récupérer ni la totalité de l'argent investi ni le temps passé.
- Si un objet ne te plaît plus, si tu ne l'utilises jamais : fais-le sortir de chez toi, car il encombre ta maison et ton esprit alors que ta mise de départ est de toute façon perdue dans les couloirs du temps.
- **Et si finalement, la meilleure façon d'honorer ta mise, ce n'était pas de laisser l'objet prendre la poussière à la cave mais de lui permettre de trouver un nouveau propriétaire qui en aura, lui, l'utilité ?**

Imaginons donc que tu es dans la situation où ton bordel ne te gêne pas. Doté.e d'une mémoire photographique, tu sais la plupart du temps où se trouve l'objet recherché. Tu ne vois donc aucune bonne raison de le discipliner. Et puis bon, des trucs par terre, ça s'enjambe. À force, on finit par même plus trop les remarquer.

Dans cette situation, je parie que tu rencontres d'autres soucis… Au hasard : de ménage. Tu fais comme tu peux pour nettoyer les surfaces libres, mais vu qu'il n'y en a pas beaucoup, tout est toujours plus ou moins crado derrière les oreilles. Remarque, il peut y avoir des instants fun, par exemple quand tu visualises Packman en pleine action en te rendant compte de la trajectoire tarabiscotée que tu es obligé.e de faire avec ton balai.

Pour augmenter la surface nettoyable, tu fais des tas. Tu essayes d'abord de les faire thématiques, tant qu'à faire, mais au fur et à mesure ça devient des empilements de choses hétéroclites à l'équilibre incertain.

La phrase la plus énervante dans ce contexte ? *« Il faut ranger après avoir dérangé. »* Dans un univers où la plupart des objets n'ont pas de place logique, cette phrase n'a tout simplement aucun sens ! Et dans un environnement encombré, « juste » ranger après avoir dérangé ne change absolument rien à l'aspect visuel de la pièce, tu as l'impression de brasser du vent pour rien.

#3615MYLIFE

Oui, ça sent le vécu, haha. Aujourd'hui je ne fonctionne plus comme ça. Ma maison est largement désencombrée, et rangée de manière logique. Je n'ai plus qu'un seul tas, celui des papiers concernant les affaires en cours, et il est trié régulièrement.

Jeune Padawan, si – plus ou moins – dans ce cas tu es, ma longue expérience crois-en, à passer de l'autre côté du miroir tout à gagner tu as :

- Simplifiée ta vie te paraîtra.
- Désencombré ton esprit sera.
- Une nouvelle expérience à toi s'ouvrira.
- Plus librement la Force en toi circulera.

Petite foire aux excuses couramment prononcées

Revenons à nos moutons.

La première étape d'un désencombrement réussi est donc de dégommer les fausses bonnes raisons qui te poussent à garder. Après, bien sûr, tout est relatif. Une raison n'est pas en soi bonne ou mauvaise, elle dépend de l'objet, du contexte, de ton état intérieur du moment. Donc, adapte ce qui va suivre à tes propres critères – mais promets-moi de ne pas être laxiste, je te fais confiance, OK ?

Parce que les excuses qui vont suivre, elles sont parfois justifiées, mais le plus souvent, elles ne sont que la manifestation d'un phénomène très humain : la résistance au changement. On l'a vu, notre petite accumulation quotidienne nous rassure, notre fonctionnement bien rodé ronronne, le changement peut être un peu inquiétant : regarde-moi dans les yeux, ne regarde surtout pas en bas, ça va bien se passer.

« Au cas où » le premier se casse/je le perds

Bon. Tu es au courant quand même que de nos jours, sauf situation très particulière, tu as forcément des commerces à une demi-heure maximum de chez toi. Donc bon. À part ta paire de lunettes si tu es très myope, je crois qu'il n'y a pas beaucoup d'objets si indispensables qu'il faut pouvoir les remplacer dans la minute, dans l'heure ou même dans la journée. Si ?

En général, la suite logique de cette excuse, c'est : « Oui mais, si jamais c'est l'hiver et qu'il neige et que je peux pas prendre ma voiture pendant quinze jours à cause de congères de trois mètres de haut ? » Hum. Évalue le risque : depuis que tu habites dans ta région, combien de fois cette situation s'est-elle présentée ? De nos jours, être réellement coupé.e du monde au point que racheter un objet non vital perdu ou cassé devienne impossible relèverait d'une situation exceptionnellement grave, genre catastrophe économico-climatico-nucléaire qui, à mon avis, ferait de la perte ou la casse dudit objet le cadet de tes soucis.

Parce que c'est un souvenir /parce que j'ai peur de le regretter

C'est une appréhension tout à fait normale au début de cette démarche ! C'est pourquoi on conseille souvent de faire un carton avec les objets qu'on a peur de regretter, de les mettre de côté, d'y revenir six mois ou un an après et de voir s'ils ont réellement manqué, si on y a pensé ou pas, bref : de prendre une décision à distance.

Mais entre-temps, tu auras pris confiance en toi et tu sauras te décider beaucoup plus vite.

Parce que c'est un cadeau, donc par peur de décevoir, de trahir

Ah, les cadeaux ! Ils feront l'objet d'un paragraphe bien à eux un peu plus tard.

Parce que ça prend pas de place au fond des placards et puis ça servira quand on aura plus de place dans une plus grande maison

BAH SI, précisément, ça prend de la place ! Je t'accorde qu'enterrés au fond de tes placards, ces objets ne sont plus visibles, d'ailleurs tu ne t'en sers jamais et tu en oublierais presque leur existence.

Mais du coup, ils sont un facteur majeur de bordel *à l'extérieur de tes placards*, car ils prennent la place des objets dont tu te sers réellement et que, précisément, tu cherches à ordonner.

Sincèrement, si tu ne t'en sers pas *maintenant*, c'est que tu n'en as pas vraiment l'utilité, soit parce que tu possèdes d'autres objets, plus pratiques, remplissant la même fonction, soit parce que tu as trouvé des solutions alternatives t'évitant de faire de la spéléologie dans tes placards pour un objet qui te sert moins d'une fois par an.

Du coup, crois-tu que, comme par enchantement, si tu as un logement plus grand, tu te serviras davantage de ces objets ? *Hum, on est bien d'accord.* D'ailleurs, ce n'est pas parce qu'on prend un logement plus grand qu'on *doit* y mettre plus de choses : on n'a finalement toujours besoin que du même nombre d'objets au quotidien, quelle que soit la taille de l'habitation.

Apprendre à se séparer

Combien possèdes-tu de horcruxes[11] ?

Je le disais plus haut, il est fréquent et normal au début d'avoir du mal à savoir si se séparer d'un objet est la bonne décision. Et pour cause : l'être humain a un rapport particulier avec la séparation depuis sa naissance, c'est une chose avec laquelle il doit composer toute sa vie, dans tous les domaines.

Parce que la charge émotionnelle qu'on met dans les relations, dans les projets et dans les objets, finalement, c'est une part de soi-même. C'est le principe du Horcruxe de Voldemort. Eh oui, il y a un peu de ça, plus on met une part de nous dans un objet,

11. Objets magiques de l'univers de Harry Potter, dans lesquels Voldemort dissimule une partie de son âme pour demeurer immortel.

plus s'en séparer devient difficile, c'est comme si on laissait cette partie de nous partir. *Je dis bien : « comme si ».*

C'est pourquoi se séparer de nos objets nécessite souvent un réel apprentissage : il ne s'agit pas d'opérer des séparations brutales qui généreraient un manque et un besoin de compensation, mais d'apprendre à retirer progressivement notre investissement de certains objets pour les laisser partir plus facilement.

Si tu n'es pas très matérialiste et que tu n'as que quelques horcruxes, le désencombrement te sera plus simple. Si presque tous les objets de ton quotidien abritent une partie de ton âme, l'apprentissage sera peut-être plus long – mais aussi libérateur.

Par ailleurs, la tendance humaine à l'accumulation reflète souvent notre difficulté à choisir. Eh oui : à cause de cette part de soi-même que l'on place dans les objets, les relations, les projets, devoir choisir revient à décider quelle part de soi-même on laisse partir. Encore et toujours le fonctionnement en Horcruxe !

#3615MYLIFE

Et ça, crois-moi, je connais par cœur, je fais partie de la *team* « choisir une possibilité c'est renoncer à toutes les autres », et ça a le don de me faire bugguer. Mon parcours scolaire, professionnel et personnel ne laisse aucun doute sur la question. Mon intérêt saute de domaine en domaine selon le schéma suivant : je bouffe des connaissances jusqu'à obtenir une certaine expertise, je m'en sers pour aider les autres, mais une fois que j'ai vraiment fait le tour de la question, l'envie s'évanouit complètement et je me trouve perplexe. C'est comme si ma vocation n'était pas de me former pour me fixer, mais pour continuer d'explorer. *Merdum, mon horcruxe est versatile. Ça serait trop simple, sinon, HEING ?*

> Cela se retrouve dans mes passions : j'adore créer, mais une fois que ma création est achevée, je suis incapable de la reproduire. Techniquement oui, bien sûr, mais mon esprit rejette cette idée en bloc et les rares fois où je l'ai fait pour faire plaisir à des proches, ça m'a énormément coûté.
> D'un point de vue consommation, j'ai donc accumulé pendant très longtemps toutes sortes de choses : feutres spéciaux, peinture, tissus, laine, papiers de toute sorte, fournitures diverses de récup, parce que je ne sais jamais quelle **fulgurance** va me tomber dessus, ni quand.
> Tu imagines donc bien que la séparation avec ce type d'objets pourtant largement en surnombre chez moi est très délicate, parce que j'ai toujours l'impression que les laisser partir, c'est me couper de certaines possibilités de création. Le fameux « au cas où ».

Relativiser

Peut-être te reconnais-tu dans cette difficulté à choisir, à prendre des décisions et à se séparer.

Mais tu sais quoi ? J'ai appris, progressivement, à relativiser.

Finalement, j'ai découvert que mon esprit fait son mix avec ce que j'ai à un instant T. Et que si j'ai besoin de bouchons en liège ou de rouleaux de PQ, je peux toujours en collecter à mon taf ou chez les copines.

Aujourd'hui, je ne suis plus dans la phase d'accumulation volontaire.

- Je sais dire non quand on me propose des fournitures de récup et que je n'ai pas de projet en tête.
- J'achète vraiment quand je ne peux pas faire autrement, et c'est de plus en plus rare parce que je suis moins dans

l'immédiateté, je prends de plus en plus le temps d'explorer les autres pistes avant.

- Cerise sur le gâteau, j'ai même réussi à faire du tri et à me séparer de la moitié de mon trésor de guerre, sans angoisse.

Et tu sais quoi ? Ces affaires ne me manquent pas.

Relativiser, donc, est une des clés pour apprendre à se séparer des objets.

Opter pour une organisation logique

Prendre le côté logique et pratique comme fil conducteur dans la réorganisation de ma maison m'a également beaucoup aidée.

Maintenant, les objets de chaque catégorie sont groupés : les tiroirs ou bacs fourre-tout sont interdits de séjour chez moi, et plus de câbles à trente endroits de la maison ! Ils sont placés à un endroit qui, pour moi, est logique. Le rangement est beaucoup plus facile, les retrouver aussi.

Et maintenant que le processus de désencombrement est bien engagé et que je vois clair dans mes tiroirs et mes placards, quand je poursuis le tri – parce que ce n'est pas encore terminé chez moi, mais le sera-ce un jour ? –, quand je prends un objet et que sa place logique ne me saute pas aux yeux, **je considère que s'il n'a pas de place logique dans ma maison, c'est qu'il n'a pas de place dans ma vie.** Dans 8 cas sur 10, cela se révèle vrai.

Tu peux maintenant reprendre le papier sur lequel tu avais noté tes doublons, leur prix et la raison de leur arrivée chez toi. C'est cette partie qui m'intéresse maintenant : relis ces réponses et examine-les sincèrement au regard de tout ce que tu as lu depuis.

Je parie que ta vision a déjà un peu changé : c'est le début d'une ère plus zen dans ta vie !

Bien sûr, tu auras envie de garder certains objets surnuméraires. C'est normal ! Et d'autres te sembleront d'emblée superflus. Mais ce choix se fait à un instant T : certains objets que tu souhaites conserver aujourd'hui te sembleront peut-être superflus dans un an, deux ans, cinq ans. Tu verras, ton curseur émotionnel reculera à mesure que tu trouveras du plaisir et du bien-être à simplifier ta vie, ton quotidien et ton esprit !

Les outils pour se débarrasser du superflu

Souvent, quand on se retrouve face à toute une vie d'accumulation, on se sent bien seul.e quand on décide de prendre les choses en main, et un fil conducteur est le bienvenu. Aussi, je vais te présenter les méthodes les plus en vogue en ce moment. Je les ai presque toutes personnellement testées et, de mon point de vue, elles sont complémentaires.

En revanche, je ne vais pas entrer dans le détail, je préfère te donner des points saillants en rapport avec mon propos et les références bibliographiques. Sache également que des groupes Facebook dédiés existent à profusion. Tu n'es évidemment pas obligé.e de tout prendre au pied de la lettre. À toi d'explorer ces outils et de prendre dans chacun ce qui te correspond en fonction de ton ressenti, de tes priorités, et de ta propre définition du superflu.

Le minimalisme

Le minimalisme est un courant qui propose de se focaliser sur l'essentiel. Et pour cela, posséder moins, épurer son environnement, est un plus : telle est la signification du fameux *Less is more*.

Dans cette quête de focalisation sur l'essentiel, le désencombrement est guidé par le caractère *utile* et *facile à vivre* des objets conservés. Arriver à ne garder que ce qui est utile, voilà l'objectif ultime du minimalisme, que tu habites dans une cabane ou dans un château : le minimaliste n'a pas peur d'avoir des cases vides dans son étagère.

Personnellement, je n'ai pas (encore ?) de places vides dans mes étagères, mais je me suis fixé comme règle de ne pas avoir plus d'objets qu'une place donnée ne peut en contenir. Par exemple, mes assiettes, bols, mug et verres ont chacun une case dédiée, dont la taille a été choisie en fonction de ma façon de vivre, et pas plus. Si ça déborde, c'est qu'il y en a trop, tout simplement.

Souvent, le tri se fait pièce par pièce. La méthode la plus intuitive pour commencer est de se munir de cinq cartons sur lesquels on inscrit :

- À jeter.
- À donner.
- À vendre.
- Je ne sais pas.
- À garder.

Pour te guider dans ce tri, la blogueuse minimaliste Clémentine la Mandarine propose de te poser un certain nombre de questions ; c'est uniquement si l'objet passe tous ces filtres successifs qu'il peut être conservé. J'ai volontairement gommé la sensibilité « zéro déchet » du questionnaire parce que je compte bien traiter cette question à part, mais je t'invite à aller consulter sur son site la superbe infographie qu'elle a créée[12].

12. http://clementinelamandarine.com/2014/10/01/8-questions-a-se-poser-pour-desencombrer-efficacement/

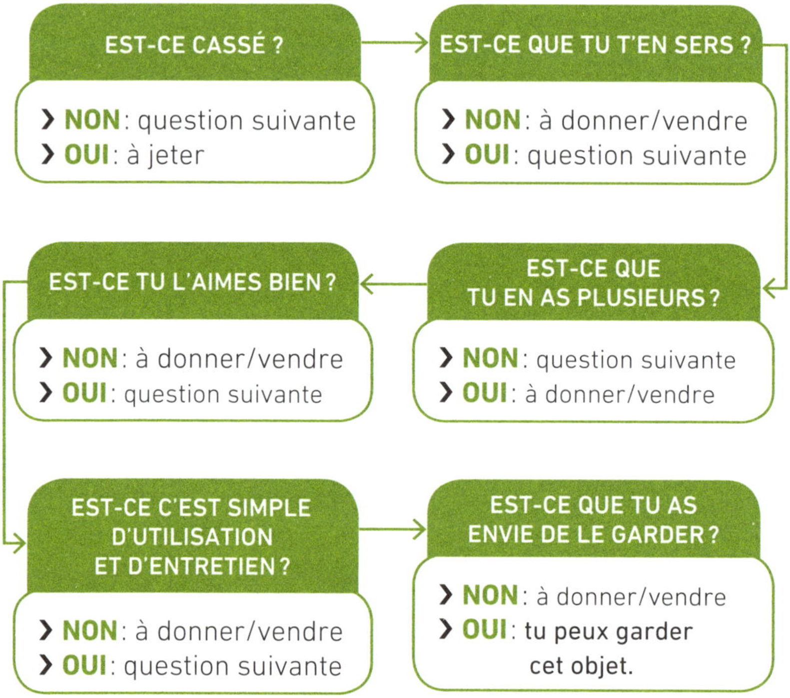

Au-delà du désencombrement, j'ai commencé à m'inspirer du minimalisme quand j'ai ressenti un grand besoin d'espace dans mon intérieur.

J'ai besoin que l'air, la lumière et l'énergie circulent au maximum dans ma maison, je trouve cela très apaisant. J'ai donc privilégié les espaces ouverts et j'ai choisi de ne pas systématiquement les meubler. En particulier, j'ai rayé de mon esprit le concept de salle à manger, bien que ma maison soit suffisamment grande : pourquoi alourdir mon intérieur d'une table et de chaises supplémentaires coupant les espaces de circulation, alors que j'ai déjà une table dans la cuisine ouverte, soit à moins de deux mètres ?

LE *MINSGAME* ET LA *PACKING PARTY*

Le *minsgame* (contraction de *minimalist game*) et la *packing party* sont des alternatives ludiques au tri inventées par Joshua Fields Millburn et Ryan Nicodemus que je n'ai pas personnellement testées.

- Le *minsgame* est une méthode ludique pour se débarrasser de 460 objets en un mois : le premier jour du mois, tu te sépares d'un objet, le deuxième, de deux... jusqu'au jour trente où tu dois sortir trente objets. Tout objet compte, même une fourchette ou un objet cassé.
- La *packing party*, quant à elle, consiste à emballer tes affaires comme si tu déménageais et à ressortir au fur et à mesure ce dont tu as besoin. *Conseil pratique : organise tes cartons par thématique/catégorie d'objets et note assez précisément ce qu'il y a dedans, pas juste « chambre » ou « bordel buffet ». Ça t'évitera d'avoir à ouvrir dix cartons avant de retrouver ton mascara.*

Au bout d'un temps que tu as toi-même défini, tu gardes ce que tu as sorti et tu te débarrasses du reste, *idéalement sans rouvrir les cartons pour éviter les tentations.* Attention cependant aux affaires saisonnières !

Que faire des objets dont on se sépare ?

- **Donner ou troquer :** tu peux remplir un carton à dons et le déposer devant chez toi, te renseigner autour de toi sur les besoins de chacun, déposer des annonces sur des sites comme Donnons.org, t'adresser à la ressourcerie locale, participer à un vide-greniers, mais aussi t'inscrire sur des groupes de trocs ou de dons ! *Attention pour ce qui est du troc : veille à ne pas accepter un objet inutile en échange de celui dont tu veux te débarrasser juste pour que le troc soit équitable, ça serait contre-productif !*

- **Vendre :** des sites généralistes comme Leboncoin viennent de suite à l'esprit, mais il existe également des sites spécialisés en fonction des objets (Vinted et Vide-dressing pour les fringues, Gibert Joseph pour les livres, pour ne parler que des plus connus). Pour les vêtements, pense aussi aux friperies comme DingFring pour vos dépôts !
- **Jeter :** bien sûr en dernière intention, et en pensant au tri sélectif selon les règles fixées par ta commune !

Le zéro déchet

Le zéro déchet est un mouvement qui a de grandes affinités avec le minimalisme. D'ailleurs, sa figure emblématique, Béa Johnson, a adopté un mode de vie minimaliste, comme elle le raconte dans son livre *Zéro déchet*[13].

C'est ainsi que Clémentine, dont je parlais plus haut, intègre à son questionnaire de tri des questions purement zéro déchet telles que « Cet objet cassé est-il réparable ? » ou « Cet objet est-il réutilisable ? ».

Le but étant de laisser entrer le moins de potentiels futurs déchets chez toi. Le zéro déchet t'aide à revoir ta consommation et à limiter le réencombrement.

Il va également t'inciter à désencombrer, car lorsque tu commences à voir le futur détritus à travers les objets, tu sens ton espace vital envahi de déchets, et ta vie dans une potentielle poubelle devient un enfer. Blague à part, comme tu es amené.e à privilégier les alternatives réutilisables, de nombreux objets de ton quotidien deviennent naturellement superflus, c'est pourquoi le désencombrement est souvent un effet Kiss Cool du zéro déchet.

---

13. éditions Les Arènes, 2013.

La méthode *Fly Lady*

La méthode *Fly Lady* (**écosiaïse** pour plus de détails !) se consacre, entre autres, à simplifier et fluidifier le ménage grâce à une organisation particulière, mais aussi grâce au désencombrement. Moins une surface est encombrée, plus elle est facile et rapide à nettoyer et à entretenir : adieu les grands ménages épuisants, la maison reste propre et rangée sans qu'on ait à fournir des efforts démesurés.

La méthode se déroule sur trente jours, parce que *Fly Lady* appelle « des petits pas » : chaque matin, tu reçois dans ta boîte mail le petit pas du jour. Ainsi guidé.e quotidiennement, tu n'as qu'à suivre les instructions pensées pour être simples et les moins chronophages possible.

Fly Lady fonctionne par zones de ménage. Au sein de chaque zone, tu seras amené.e à trier et désencombrer par tranches de quinze minutes. Autre point intéressant, la méthode *Fly Lady* t'aide à organiser ta maison de manière logique et pratique. Chaque objet doit être rangé dans la pièce où il a sa fonction, et au sein de cette pièce, les objets dont on se sert tous les jours doivent rester à portée de main, donc dans des emplacements facilement accessibles, tandis que ceux qui servent moins souvent peuvent être placés dans des endroits moins accessibles.

J'ai bien aimé cette méthode qui te prend par la main et te fait progresser vraiment rapidement sans même que tu t'en rendes compte. En plus, les résultats sont censés être durables, car la méthode se base sur le fait qu'une habitude est acquise – et donc, alourdit beaucoup moins la charge mentale – au bout de vingt et un jours de répétition consécutive.

Je le confirme, certaines habitudes que j'ai acquises au moment de mon test, il y a pourtant plusieurs années, sont devenues des réflexes.

Pas toutes cependant, mais c'est plutôt de ma faute : comme je n'avais pas totalement joué le jeu du désencombrement, la puissance de la méthode s'en est trouvée amoindrie. Il y a donc un certain nombre de choses que j'ai progressivement laissé tomber, la charge mentale ne diminuant pas. Je pense d'ailleurs que je vais reprendre du début maintenant que ma maison est beaucoup plus aérée.

Désencombrer quand on ne vit pas seul.e

Bon. On va pas se cacher derrière son petit doigt : désencombrer en soi, c'est déjà pas simple, mais désencombrer quand on vit avec d'autres êtres humains (enfants, conjoint.e, colocataire), ça l'est encore moins. Et c'est un peu ballot parce que c'est souvent quand on multiplie les terriens du foyer que l'encombrement devient ingérable.

- Il est impossible de désencombrer les affaires de l'autre, tu ne peux pas trop savoir quelle charge émotionnelle il a placée dans ses horcruxes (ha nan pardon, dans ses objets). Tu le ferais avec ta propre grille et tu risquerais de balancer son cœur de Te Fiti en pensant que c'était un vieux caillou pourri : j'ai vécu ce genre d'impair avec mes enfants, c'est pas chouette pour eux.
- Le respect de l'autre, adulte comme enfant, passe aussi par le respect de sa temporalité et de son ressenti : on ne peut pas désencombrer les affaires de l'autre et les affaires communes sans son consentement.
- Tu peux commencer par ton propre désencombrement et communiquer sur ton besoin avec tes colocataires, petits et grands, afin d'aboutir à des compromis et des concessions. Attention cependant, la vie en communauté demande de la patience et de la communication apaisée, mais ça n'est pas TA charge de le mettre en place, c'est une charge commune.

→

- Je pourrais te conseiller de mettre en place un système dans lequel chacun est responsable de ses affaires. Malheureusement, ça serait un conseil assez pourri si tu en es au début de la démarche, parce que d'expérience, cela ne marche que quand le reste de la maison est suffisamment désencombré. Les enfants, et parfois les adultes, ne s'y mettent naturellement que quand l'exemple est sous leur nez et qu'ils ne disposent plus de trente-cinq mille endroits pour semer leurs objets ni vu ni connu.
- Donc, je vais plutôt te dire d'être indulgent.e avec toi-même. Ce n'est pas ta faute, tu n'es pas nul.le, ne laisse personne insinuer que c'est TA charge de régler cette question et que si ça ne fonctionne pas, c'est TON échec.

La méthode Konmari

La méthode de Mari Kondo est axée, comme le titre de son ouvrage[14] l'indique, sur le rangement.

Là encore, le désencombrement est central, mais il se base sur un postulat différent du minimalisme : là où ce dernier définit comme critère principal l'utilité, Mari Kondo propose de ne garder que les objets qui nous procurent de la joie. Et pas n'importe quelle joie : une joie immédiate et sans hésitation.

Le tri s'opère, dans cette méthode, par catégorie d'objets (vêtements, papiers, livres, objets multimédias, vaisselle, etc.).

Tu regroupes TOUS les objets de la catégorie présents dans ta maison, et tu les tries selon une unique question : « Cet objet me met-il en joie ? »

14. *La Magie du rangement*, Pocket, 2016.

Spoiler : question à ne pas se poser devant sa brosse à chiottes. (Hum.)

Blague à part, même si, j'avoue, la question de savoir si mon mug du matin me mettait en joie m'a paru au premier abord très gnangnan, finalement l'émotion ressentie face à l'objet est un chouette guide pour construire un intérieur qui nous ressemble et dans lequel on se sent vraiment bien.

J'ai adopté également sa méthode de pliage et de rangement des vêtements qui, couplée à un bon tri dans la garde-robe, est redoutablement efficace et durable.

En revanche, personnellement, je ne suis pas fan du tri par catégorie. C'est peut-être dû au fait que j'ai commencé l'aventure du désencombrement via la méthode *Fly*, qui m'a appris qu'il est vain de vouloir se lancer dans un chantier plus gros que soi – « ne jamais sortir plus que ce que tu ne peux ranger en une heure » : un chantier trop gros a de grandes chances de tuer la motivation. Mais ce qui est vrai pour moi ne le sera pas nécessairement pour toi : si ça te parle, alors GO !

Dernière chose, si tu as l'intention de te renseigner sur cette méthode, sache qu'elle souffre de ce que j'appelle « la polémique du sac-poubelle » : en effet, le livre indique de *jeter* les objets déchus, ce qui fait bondir les personnes à sensibilité écologique.

Maintenant, je te le dis : tu n'as pas de flingue sur la tempe. Tu as toujours le droit d'adapter un outil à tes convictions. Si tu remplaces « jeter » par « faire sortir de ta maison », MAGIIIIIE, trier, recycler, donner et vendre, deviennent compatible avec Konmari ! *#problemsolved*

#3615MYLIFE

J'ai profité d'un déménagement pour nous délester d'un quart de nos possessions – objets et meubles.
J'ai également profité de ce déménagement pour donner une structure d'organisation un peu plus logique à la nouvelle maison, veillant à ce qu'un maximum d'objets soient au moins dans leur pièce de destination, et y restent.
J'ai aussi décidé de limiter le nombre de tables, commodes, buffets, armoires et placards : on ne peut pas poser d'objets sur des surfaces qui n'existent pas, et on ne peut pas entasser de choses dans des placards qui n'existent pas.
En limitant les espaces de rangement et de dépôt, pas d'autre choix que de limiter le nombre d'objets, le désencombrement n'était donc plus une option.

- J'ai commencé par extraire de chaque pièce les objets qui n'avaient rien à y faire pour les replacer, sans forcément les ranger, dans leur pièce de destination.
- Puis j'ai trié et rangé, pièce par pièce, avec ce fil conducteur : pratique, logique, simple, esthétique.

Je fonctionne par vagues : quand j'ai commencé à désencombrer, c'était tellement chargé que je regardais certains objets sans même les voir. Vague par vague, petit à petit, j'ai épuré ma maison. Une fois un certain seuil de désencombrement passé, tout est devenu plus simple, les décisions ont été plus rapides à prendre, la logique est apparue comme par enchantement, les solutions se sont manifestées d'elles-mêmes.

L'accumulation dans ta vie affective

Non non, ce n'est pas fini ! Tu croyais t'en tirer à si bon compte ?

Notre consommation étant le reflet de notre vie intérieure, tout comme les besoins ignorés nous enferment dans des comportements d'achat répétitifs, les schémas relationnels ont tendance à se reproduire, tels des Gremlins aspergés d'eau, tant qu'on ne les a pas identifiés.

Or, dans la sphère privée autant que dans la sphère professionnelle, il est très facile de s'enfermer dans des relations épuisantes psychiquement et surtout très difficile non seulement de s'en séparer, mais aussi de ne plus les reproduire par la suite.

Là encore, je te proposerai en priorité de te concentrer sur les relations qui te font vraiment du bien, et de mettre moins d'affect et de charge émotionnelle dans celles qui te plombent ou t'épuisent.

Quelques signes qui doivent t'alerter sur une relation épuisante pour toi

- Ce n'est pas fluide.
- Tu as l'impression de devoir t'adapter pour que cette relation fonctionne.
- Tu as toujours peur d'être « trop » ou « pas assez » dans cette relation, tu ne t'autorises jamais à être complètement toi-même, tu as peur que si la personne découvre certaines facettes de ta personnalité, elle ne les accepte pas.

→

- Cette relation te fait parfois douter de toi-même, mais tu as toujours l'impression d'être responsable des dysfonctionnements.
- Dans le cadre de cette relation, tu n'oses pas demander à la personne sa part d'adaptation et de concessions.
- Tu trouves toujours des excuses à la personne pour la disparité d'investissement dans votre relation.
- Au fond de toi, tu aimerais plus de simplicité, de complicité, plus d'équité et de réciprocité.
- Certains sujets génèrent des conflits et non des échanges.

Repérer les relations qui te font du bien : la technique du « *Fuck yes !* »

Ces relations à chouchouter, encore faut-il les repérer et les sortir du lot.

Et pour ça, le « *Fuck yes*[15] ! » pourra t'être utile. C'est un truc que j'avais lu sur le net un jour à propos du dating et qui m'avait fait sourire, mais finalement, ce n'est pas autre chose que la question konmarienne « Est-ce que cela te met en joie ? » appliquée aux relations humaines. Parce que « *Fuck yes* », c'est finalement une interjection qu'on pourrait traduire par « PUTAIN, OUIIIIIIIIIIIIIIIIIII ! ». Genre, le maxi-enthousiasme, quoi, celui qui ne laisse aucun doute.

Le principe est simple : pour chaque relation, amicale, amoureuse, familiale et même parfois professionnelle, demande-toi si un grand « *fuck yes* ! » résonne dans ta tête quand tu y songes.

15. L'expression viendrait d'un entrepreneur américain dénommé Derek Sivers, qui aurait dit un jour au cours d'une interview : « Si un truc ne me donne pas envie de dire "Putain oui !!!", alors je dis non. »

Je n'irai pas jusqu'à dire, à l'instar de Mari Kondo avec les objets, que si ce n'est pas le cas, il faut couper radicalement les ponts. Ce n'est de toute manière que rarement possible ! Mais cela te permettra de sortir du lot les relations qui te ressourcent, qui te font grandir (ou pas, régresser c'est bien aussi des fois, haha), qui te procurent du bien-être et du plaisir, dans lesquelles tu peux être 100 % toi-même, sans artifice.

Une précision cependant : pour placer une de ces relations dans ton carton « à chouchouter », le « *fuck yes* ! » doit être réciproque. Sinon, le risque est de développer une relation de fascination bizarre à sens unique, très insatisfaisante et déstabilisante, qui d'ailleurs peut mettre l'autre très mal à l'aise. Et puis, dans les relations amoureuses, c'est quand même important ; à quoi ça sert de s'investir avec une personne pour qui tu n'es pas toi aussi un « *fuck yes* ! » ?

Une fois ces chouettes relations réciproques repérées, yapuka les chouchouter, donc, en évitant de plonger tête baissée dans la surconsommation affective : on en a déjà parlé dans le premier chapitre, je n'y reviendrai pas.

Connais-tu les cinq langages de l'amour ?

(Si toi aussi comme Anaïs tu « détestes les couples, tout court », ne pars pas, ça marche aussi pour l'amitié et même pour les relations familiales ! Par contre, n'essaye pas de tenter les cadeaux ou le toucher avec ton ou ta boss, ça risquerait d'être mal interprété.)

Bon. En gros, on a tous besoin de donner et de recevoir de l'affection.

→

Problème : des fois, on s'y prend comme des manches, on se comprend pas et on a toujours l'impression d'être à côté de la plaque. C'est usant.
Solution : Gary Chapman a développé une chouette théorie. Il y aurait cinq façons d'exprimer son affection. Si ma manière de la donner ne correspond pas à ta manière de la recevoir, ça coince et on se retrouve à faire un remake de « J'ai encore rêvé d'elle ».

- De mon côté, je râle parce que ce que je te donne te laisse indifférent.e (*« ouvre tes yeux tu ne dors paaaaaaaas »*).
- De ton côté, tu auras l'impression que jamais je ne te montre mon affection (*« je t'attendais, regarde moiiiiiiiiiiiiii »*).

Enfin bref, trêve de plaisanteries. Les cinq manières d'exprimer son amour sont les suivantes :

- des **moments privilégiés**,
- des **mots encourageants**,
- des **cadeaux** *(d'occasion ou faits maison, ahem)*,
- des **services rendus** (*je rappelle quand même à toutes fins utiles que mettre la table ou passer l'aspirateur, ça n'est pas rendre service, c'est juste faire sa part normale quand on vit en collectivité, bienvenue au* XXI*e* *siècle !)*,
- le **toucher**.

Quel(s) type(s) de manifestation d'affection aimes-tu recevoir ? Et si tu essayais d'observer (ou mieux, de demander) à ton ami.e quelles sont les siennes ?
« Et demaiiiiiiin... » (hum).

Les cadeaux, symboles de l'accumulation dans la vie affective

Puisqu'on cause maintenant accumulation, j'aimerais attirer ton attention sur l'épineuse question des cadeaux. Les cadeaux font partie, pour la plupart d'entre nous, des objets les plus difficiles à éviter et les plus compliqués à désencombrer. Et pour cause : quand on vire un cadeau, on a l'impression de manquer de respect à la personne qui nous l'a offert – même si elle ne le sait pas ! Et plus la relation est importante pour nous, plus c'est vrai.

Alors, chouchoute-t-on réellement une relation à coups de cadeaux ? Arrête-t-on de l'honorer quand a envie de les virer ? To be or not to be ? #thatisthequestion

Prendre soin de ces relations, ce n'est pas si évident que ça. Dans notre monde où tout va très vite et où nos journées sont très remplies (heureusement, Marie t'a déjà dit comment konmariser ton emploi du temps, *lucky you !*), il est parfois compliqué de consacrer un temps de qualité aux personnes qui comptent pour toi. Parfois, c'est même compliqué de leur trouver du temps tout court !

Peut-être que ton réflexe est d'offrir des cadeaux, petits ou gros, pour compenser ce déficit de qualité, et laisse-moi te dire une chose : c'est ce sur quoi misent les publicitaires ! Il suffit de se remémorer le battage autour de la fête des mamies, de Noël, des mères, des pères, la Saint-Valentin, et, PIRE que tout, celui autour de la Journée internationale de lutte pour les droits des femmes qui se transforme en un honteux « Journée de la femme » avec moult promotions sur les aspirateurs, les sous-vêtements et les fers à lisser. *#nocomment.*

Tu n'honores pas tes proches comme tu aimerais et tu culpabilises ? Pas de panique, la société de consommation te le rappelle et te donne plein de solutions pour te rattraper un jour dans l'année.

Mais je te pose la question : peut-on réellement compenser une année de routine avec un bijou ou un parfum ? *« Vous avez quatre heures. »*

De nos jours, le cadeau est présenté comme LE signe extérieur le plus représentatif de l'attention qu'on porte à une personne. L'industrie du cadeau est plus florissante que jamais. **C'est une des stratégies les plus abouties et les plus perverses de la cupide Fédération du Commerce pour placer des clones chez toi.**

Or, sincèrement :

- Combien de fois des personnes qui te connaissent comme leur poche se sont plantées en t'offrant un cadeau ? T'es-tu dit une seule fois que c'était le signe qu'elles n'étaient pas assez attentionnées ? As-tu osé leur dire que le cadeau ne te correspondait pas ? Que fais-tu de cet encombrant présent ? Au bout de combien d'années y a-t-il prescription ? Au bout de combien d'années te permets-tu de le sortir de sa cachette au fin fond du garage pour le donner ou le revendre ?
- Et inversement : comment sais-tu que ton cadeau va vraiment plaire à la personne ? Qu'elle ne l'a pas déjà ? Et vu le mal de chien que tu as à te séparer des cadeaux qui ne t'ont pas plu, pourquoi infliger la même punition aux autres ?

Donc, si je résume :

- Les cadeaux, reçus ou offerts, ne sont pas toujours utiles ou plaisants.
- Se séparer d'un cadeau, « ça ne se fait pas », c'est donc souvent culpabilisant et délicat, voire tout simplement impossible. « Je ne peux pas lui faire *ça*. » On dirait que si tu jettes le cadeau, tu jettes la personne.
- Pour autant, ne pas faire de cadeau ou refuser un cadeau, « ça ne se fait pas non plus », donc tu continues à offrir et à recevoir coûte que coûte.

- Tu te retrouves avec des dizaines d'objets, dont très peu te « mettent réellement en joie ». La majorité, tu ne les vois même plus, et pour certains, tu les traînes comme des boulets.
- Bref, le cadeau est devenu une convention sociale aliénante, qui peut faire plaisir parfois – plaisir d'offrir et de recevoir – mais qui souvent reste une obligation bien culpabilisante, avec toute la charge mentale qui va avec.

Une relation sans se prendre la tête avec les cadeaux, ça existe ?

Oui. **#corbendallas**

Mes proches le savent bien, personnellement, je suis une vraie quiche en matière de cadeaux. Je n'aime pas offrir pour offrir. J'aime bien offrir quelque chose quand je sais que c'est l'idée du siècle et que ça va faire rire ou plaisir (le « fuck yes ! » du cadeau), mais si je n'ai pas d'idée, je n'aime pas acheter par défaut, mes cadeaux sont toujours nuls dans ce contexte.

Pendant longtemps, j'ai culpabilisé et je me suis sentie une mauvaise copine/amoureuse/fille/etc., comme si ne pas trouver d'idée était le signe que je ne m'intéressais pas assez à mes proches.

Et puis, j'ai réfléchi : il leur arrive à eux aussi de m'offrir des cadeaux un peu à côté de la plaque ! Le champion en la matière était mon grand-père, qui pourtant me connaissait comme personne, qui m'adorait et que j'adorais. Cette barre de rire le jour où j'ai raconté à mes potes que mon grand-père m'avait offert pour Noël un ciseau électrique bizarroïde en provenance de la Foir'fouille !

Enfin bref. Du coup, quand je sais que la personne en face ne se dira pas « elle ne m'offre rien, c'est qu'elle ne tient pas à moi », je n'offre pas de cadeau et je préfère rester moi-même.

#3615MYLIFE

Exemple d'une relation sans cadeau : ma relation avec Marie

Je crois que je n'ai jamais rien offert à Marie ! Et pourtant, elle compte parmi les relations qui me sont les plus chères. Je culpabilise parfois de n'avoir pas assez de temps à lui consacrer, mais jamais de ne pas lui faire de cadeaux.
En réalité, on s'offre d'autres choses, que l'on sait bien plus précieuses et qu'à ce titre, on savoure comme il se doit :

- On se fait confiance.
- On ne pense pas à la place de l'autre, on lui laisse toute sa place.
- On ne fait pas de supposition ou d'interprétation sur ses paroles ou ses actes.
- On se fait rire, on se lâche, on n'a pas peur de se choquer.
- On prend soin l'une de l'autre.

Ainsi, en 2017, on avait tout juste terminé la promo de notre premier livre qu'on nous proposait un truc de ouf : participer à un TedX. NON, je ne parlerai pas de LA grande discussion – aussi profonde qu'hilarante – pour savoir s'il faut prononcer TED[AIX] ou TED[IX]. Il se trouve qu'à ce moment-là de sa vie, Marie en chiait grave, et encore, c'est un euphémisme. On était emballées par l'idée, mais Marie n'était pas en mesure de savoir comment elle se sentirait trois mois plus tard et encore moins six mois plus tard, lors du jour J.
Alors j'ai fait tout ce que j'ai pu pour lui simplifier la route. On a accepté ce projet à deux, mais j'ai toujours eu en réalité deux options en tête : une à deux, et une

seule au cas où Marie ne serait pas en mesure de continuer.
On a été jusqu'au bout, finalement, mais elle a toujours su qu'elle pouvait raccrocher jusqu'à la dernière seconde, que je n'aurais ressenti ni déception ni rancœur.
Un an plus tard, ça a été mon tour de connaître la séparation et son lot de remises en question personnelles et organisationnelles. Alors quand on a accepté ce projet de second livre à deux, Marie m'a fait le plus beau des cadeaux : elle m'a fait confiance.
Elle ne m'a pas mis la pression, je n'ai ressenti ni jugement, ni impatience, ni doutes de sa part, alors que je sais bien qu'elle en a eu. Et c'est ce qui m'a permis de ne pas perdre pied en voyant la *deadline* approcher dangereusement sans avoir encore pondu une simple ligne.
Marie, tu avais déjà toute ma gratitude pour tellement de choses, c'est donc la cerise sur le gâteau : je t'aime, poulette.
Fin de la séquence émotion, vous pouvez ranger vos mouchoirs (en tissu, nan c'est pas dégueu, c'est dans la tête), cordialement.

Épilogue : la charge morale et le code Jedi

Pendant que j'étais en train de rédiger cette partie, un couple d'amis est venu passer une soirée à la maison à l'improviste.

On s'est mis à discuter du thème du bouquin et ma copine m'a expliqué qu'elle n'arrivait pas à se séparer de ses objets malgré l'encombrement de son logement parce qu'elle se sentait **responsable d'eux** d'un point de vue écologique et éthique.

Elle était donc incapable de se séparer d'un objet qui pourrait encore servir, pas tant pour le « au cas où » que pour le « si je le fais sortir de ma maison, peut-être se transformera-t-il en déchet plus vite que son ombre, je serai alors responsable d'encore un peu plus de destruction de la planète ».

J'ai trouvé que ma copine était l'illustration parfaite du concept de la charge morale, c'est-à-dire la pression ressentie à faire mieux, plus écologique et plus sain dans notre quotidien lorsque l'on se prend le tsunami de l'urgence climatique en pleine figure. Cette charge morale vient se greffer à la charge mentale, qui est le poids cognitif invisible de l'organisation de tout le quotidien : tâches ménagères, rendez-vous, achats, soins aux enfants, etc.

La charge morale vient directement décupler la charge mentale, puisqu'à la pression de devoir penser à tout s'ajoute la pression de trouver et mettre en place des solutions pour rendre le quotidien écoresponsable, ce qui implique du temps de recherche, de cogitations, d'essais, de fabrication, mais aussi des questionnements infinis sur l'efficacité de cette démarche à l'échelle de la planète.

Si tu te reconnais dans ce portrait, et pour en revenir à la problématique de l'accumulation, sache que certes, c'est toi qui as fait entrer les redoutables clones de la cupide Fédération du Commerce dans ton logement : comme nous tous, tu as succombé à un leurre. À présent, ils te bouffent ta bande passante et t'empêchent de cheminer sereinement vers un quotidien plus zen et de t'investir efficacement pour des causes qui te sont chères. Il est temps de prendre soin de TOI, en les terrassant définitivement et en les faisant sortir de ta maison.

J'espère que ce chapitre t'aura donné des pistes et de la Force (haha) pour les combattre, et t'aura aidé.e à toucher du doigt les cinq commandements du code Jedi :

- L'Émotion, puis la paix.
- L'Ignorance, puis la connaissance.
- La Passion, puis la sérénité.
- Le Chaos, puis l'harmonie.
- La Mort, puis la Force.

Quant à la charge morale, Marie t'aidera à lui tordre le cou dans le chapitre U.

O comme Origine

Par Marie : « Papaaaaa,
c'est quoi cette bouteille de laaaaaaaaait ? »
(Référence que tu ne peux pas comprendre
si tu as moins de trente ans)

L’abus de consommation
responsable rend heureux
L’abus de consommation
responsable rend heureux
L’abus de consommation
responsable rend heureux
L’abus de consommation
responsable rend heureux
L’abus de consommation
responsable rend heureux

Franchement, la méthode BISOU est ultracomplète pour interroger sa consommation sous tous les angles possibles et imaginables, mais moi, mes préférés, ce sont le B de Besoin et le O de Origine. Au quotidien, lorsque je me pose la question d'un achat, je n'ai généralement besoin de me pencher que sur ces deux aspects pour passer à l'acte ou non.

- La question du besoin que l'achat met en lumière chez nous est ultra-importante, elle nous permet d'aller sonder à l'intérieur de nous et de mieux nous connaître : nos fonctionnements, nos habitudes, nos failles à surveiller.
- La question de l'origine du produit serait un peu son pendant « extérieur à nous », même si, on le verra plus loin dans ce chapitre, elle nous amène aussi parfois à devoir prioriser nos valeurs.

Les questions à se poser

Tu l'auras compris, dans ce chapitre on va s'attaquer à l'origine des produits qu'on consomme. Et pas seulement l'origine géographique, mais aussi tout le « où, quoi, quand, comment, pourquoi », etc. : on va vraiment décortiquer toutes les facettes du produit.

Je pourrais te donner une liste de 129 questions à te poser avant d'acheter quoi que ce soit, mais comme je suis sympa, j'ai essayé de les regrouper par thèmes !

Comment est fabriqué ce produit ?

Qu'est-ce qu'il y a là-dedans ?

Tu vas peut-être trouver ça bête, mais c'est la première question à se poser. Aujourd'hui, on utilise tellement de produits transformés qu'on ne se rend même plus compte qu'ils le sont. Un objet peut être fabriqué à partir de dizaines de composants, c'est fou quand on y pense !

Cette question est valable aussi bien pour la nourriture que pour n'importe quel objet.

- **Pour la nourriture :** quels sont les ingrédients qui le composent ? Par curiosité, regarde les aliments que contient ton frigo ou ton placard. Les plus courants. Je parie que tu trouveras des composants (oui, à ce stade, on ne parle plus d'ingrédients, c'est assez flippant pour de la nourriture, non ?) aux noms de codes improbables. Et parfois des ingrédients, des vrais ceux-là, dont tu te demandes vraiment ce qu'ils foutent là. Une fois comme ça, j'ai regardé la compo du sel chez une copine : il y avait des additifs. Je n'imaginais pas que du sel puisse être composé d'autre chose que... de sel.
- **Pour un objet :** en quelle(s) matière(s) est-il fabriqué ? Sont-elles recyclables ? Sera-t-il possible de le désosser pour recycler ce qui peut l'être ou bien le côté recyclable est-il du gros **bullshit** ?
- Y a-t-il des produits d'origine animale dans ce produit ou cet objet

Les faux amis

- Les jus de fruits : tu crois que c'est littéralement le *jus des fruits* ? Que nenni, très souvent tu as dans les ingrédients eau, pulpe de fruits, sucre, acidifiant machin, colorant trucmuche...
- Le tee-shirt en coton... avec 20 % de polyester.
- Le thon en conserve : 21 % de thon dans la boîte, mélangé à de l'amidon transformé, du sucre, des épaississants et des colorants... Bon appétit ! (source : Medisite)

Quel est l'impact sur l'environnement généré par ses composants ?

Pour te donner des exemples tout simples : il y a des matières dont tu peux te méfier d'office, comme le plastique (produit à partir de pétrole, qui génère énormément de pollution à la production et de déchets en fin de vie) ou le coton (hypergourmand en eau, ce qui est d'ailleurs aussi le cas du riz, de la banane ou de la datte).

D'où vient-il ?

Origine géographique

A-t-il été fabriqué près de chez toi, en France Métropolitaine, en Europe, à l'autre bout du monde ?

Je ne te refais pas le topo sur le fait que consommer des produits lointains est très polluant du fait de leur acheminement, j'imagine que tu sais ça.

Plus ça vient de loin, plus ça pollue, logique, mais également plus ça perd de ses bienfaits et de ses propriétés. Tu penses bien qu'entre les haricots verts que tu cueilles dans ton jardin le matin pour les manger le midi et ceux que tu achètes au supermarché alors qu'ils viennent du Kenya, il y a un chouille de déperdition de valeur nutritionnelle.

Ce n'est pas toujours si simple

Tu crois que c'est une question facile ? Perdu !

Si j'ai un conseil de vieux singe à te donner : méfie-toi du « made in France », par exemple. Certaines marques, en particulier de vêtements et de bijoux, mettent en avant cet argument pour vendre, mais en réalité l'objet a seulement été « designé » en

France, c'est-à-dire : réfléchi, pensé. Il a pu aussi être conçu en France, c'est-à-dire simplement assemblé à partir de pièces qui proviennent de l'autre bout du monde et qui sont fabriquées dans des conditions pas forcément éthiques.

Et franchement, ce n'est pas toujours une information facile à trouver, loin de là, d'autant plus qu'au sein de l'Union européenne, le marquage de l'origine est facultatif et volontaire.

SURPRIIIIISE ! *(Ou pas.)*

Eh oui. Pourquoi ? Pour ne pas entraver la libre circulation des marchandises et pour ne pas pouvoir favoriser l'achat de produits nationaux. *Ça serait tellement trop simple sinon, le consommateur pourrait CHOISIR trop facilement ! ... (« poumpshiiiiiii »)*

Il existe cependant des exceptions (source : Que Choisir) :

- **L'alimentaire :** lait, viande bovine, poisson, fruits et légumes, œufs, miel, vins, huile d'olive vierge. ET.C'EST.TOUT.
- Attention, la réglementation pour les produits bruts et pour les produits transformés n'est pas forcément toujours la même...
- **Produits non alimentaires** : « La mention est obligatoire si son omission se révèle trompeuse pour le consommateur. » Que Choisir cite l'exemple d'une marque française de cocottes qui faisait figurer « Fondeur en Alsace » au-dessous de son logo alors que les cocottes concernées avaient été fabriquées en Chine. Elle a dû ajouter l'indication « Fabriqué en Chine » mais reste en droit de faire figurer la mention « Conçu en France ».

Que veut dire le label Made in France pour les produits non alimentaires ? (*source : site du Ministère de l'Économie*)

« Lorsqu'une ou plusieurs parties du produit est importé, il est possible d'obtenir l'origine Made in France, à condition de respecter les règles d'origine non préférentielle appliquées à l'importation par la direction générale des douanes et droits indirects (DGDDI). Ces règles permettent d'établir la nationalité d'un produit notamment lorsque la production a été réalisée dans plusieurs pays. » (*source : site du ministère de l'Économie) Attention, ce marquage n'est pas obligatoire, donc en gros, les fabricants peuvent l'omettre, mais s'ils choisissent de le faire figurer, alors ils doivent respecter certaines règles.*

Selon la belle définition du ministère de l'Économie : « L'origine non préférentielle permet d'établir la *nationalité* d'un produit quand des facteurs de production provenant de plusieurs pays interviennent : composants, matières premières et diverses étapes de la fabrication. [Ainsi], **le produit prend l'origine du pays où il a subi la dernière transformation substantielle.** » Gloups. À condition, donc, que le produit respecte les trois critères suivants :

- « Afficher une codification douanière différente de celles de ses matières premières et composants non français. » *(Autrement dit, SI tu as cette info et SI tu connais les codes, tu peux le savoir. Aha.)*
- « Respecter un seuil maximal de valeur de ses matières premières et composants non français par rapport à son prix. » *(Je sais même pas trop quoi dire, j'avoue.)*

→

B I S O U

- « Avoir fait l'objet en France de certaines opérations de transformation à partir des matières premières et composants non français. » *(Ha bah oui, MADE = fabriqué, si yavait rien de fabriqué en France, je crois que ça serait du total foutage de gueule.)*

Le souci, c'est que ces critères sont ambigus et que cette ambiguïté profite largement aux industriels. Surtout que pour être bien sûrs de duper le consommateur, rien ne les empêche d'apposer un petit drapeau français (même histoire que la feuille d'arbre dans le *green washing*).

Quelques autres labels (cumulables avec le Made in France)

- Indication géographique : L'indication géographique est une certification qui atteste que le produit possède des qualités du fait de son origine géographique. Les produits peuvent obtenir cette indication lorsqu'ils respectent le cahier des charges spécifique à chaque indication géographique. À ce jour, il en existe trois homologuées par l'INPI : les sièges de Liffol, le granit de Bretagne et la porcelaine de Limoges.
- Entreprise patrimoine vivant : Le label Entreprise du patrimoine vivant (EPV) est une marque de reconnaissance de l'État qui distingue les entreprises françaises au savoir-faire artisanal et industriel d'excellence.
- Origine France Garantie : Ce label permet de garantir aux consommateurs que le produit prend ses caractéristiques essentielles en France et qu'entre 50 et 100 % du prix de revient unitaire de ce produit sont acquis en France.
- France Terre Textile : Le label France Terre Textile garantit qu'au minimum 75 % des étapes de fabrication ont été effectuées en France.

Qui l'a fabriqué ?

Beaucoup plus d'acteurs qu'on ne le pense à première vue

Des fois, je m'amuse à prendre un objet et à essayer de penser à toutes les personnes qui ont agi pour qu'il arrive jusqu'à moi. Tu ne fais jamais ça ? *(S'il te plaît, dis-moi que si !)*

Allez, on joue ensemble ! Prends un vêtement, par exemple. Tu imagines le nombre de personnes qui a dû participer au fait qu'il soit dans ta penderie ? Je vais en oublier, c'est certain, mais il y a par exemple :

- Les personnes qui ont cultivé le coton.
- Celles qui l'ont traité.
- Celles qui ont fabriqué les teintures.
- Celles qui ont imaginé le vêtement.
- Celles qui ont cousu les pièces.
- Celles qui se sont occupées de son transport.
- Celles qui les ont mis dans leur magasin.
- Celles qui se sont occupées de sa promotion, celles qui te le vendent...

Tu te rendais compte qu'il y a des dizaines, des centaines de personnes qui ont travaillé pour que tu puisses porter ce pantalon ?

Et tous ces gens, ce sont des êtres humains, comme toi, qui ont des vies, une famille, des ami.e.s, des aspirations, des rêves, des petites manies, des goûts différents...

Dans quelles conditions ces personnes travaillent-elles ?

- Y a-t-il seulement un droit du travail là où elles vivent ?

- Sont-elles payées de manière juste ?
- Combien d'heures par jour, par semaine, travaillent-elles ?
- Dans quelles conditions ? Les locaux sont-ils salubres, les postes de travail adaptés, manipulent-elles des produits toxiques, sont-elles protégées ?
- Si elles ont un accident, que deviennent-elles ?
- Quelles sont les conséquences de leur travail sur leur santé, leur bien-être ?

Quelques exemples en vrac de conditions déconnantes :

- Des enfants et des femmes qui travaillent douze heures par jour en Asie dans des usines textiles insalubres en inhalant des produits toxiques.
- Des producteurs de légumes étranglés par les marges des supermarchés et qui n'ont plus les moyens de vivre de leur production.
- Des supermarchés qui préfèrent acheter des fruits et légumes à très bas prix produits dans le Sud de l'Espagne par des personnes en situation irrégulière, proies malheureusement évidentes pour tout ce qui est de la maltraitance au travail.
- Des employés pressés comme des citrons pour toujours plus de rentabilité, etc.

Quelles sont les conséquences sur notre santé ?

Et notre santé à nous, on en parle ?

Dans le premier point des questions à se poser, on s'est demandé ce qu'il y avait dans ce produit et quelles étaient les conséquences sur l'environnement. C'est très bien, mais on peut aussi se dire que si les conséquences sont néfastes pour l'environnement, il y a de grandes chances pour que ce ne soit pas très bon pour notre santé non plus !

Quelques petits exemples :

- Dans l'alimentation : les additifs et les pesticides.
- Les emballages : le problème de la migration de particules de plastique dans ce qu'on ingère.
- Les teintures des vêtements : je me souviendrai toujours de la réaction cutanée totalement flippante du fils de notre amie Gaëlle lorsqu'il a porté pour la première fois à même la peau une chemise achetée neuve.
- Dans les cosmétiques : la foire aux perturbateurs endocriniens !
- Les protections hygiéniques jetables qui contiennent du glyphosate, c'est-à-dire des pesticides.

Bon, je t'accorde que tout ce que je viens de te raconter n'est pas très gai. Limite ça donnerait presque envie de ne se poser aucune question *(mode « tête dans le sable » activé !)*. Et encore, on n'a volontairement pas creusé chaque sujet qui pourrait faire l'objet d'un livre à part entière.

Mais ne t'inquiète pas, tu sais que H et moi on n'est pas du tout versées dans le masochisme et la satisfaction de se rouler dans les mauvaises nouvelles : si on te parle de tout ça, c'est parce qu'il y a des solutions !

Empathie : un peu, beaucoup, passionnément…

Pourquoi parler d'empathie ici ?

Tu te souviens, au début de ce chapitre, je te disais que pour moi, les questions soulevées par le O de Origine étaient un peu le pendant extérieur du B de Besoin. Quand on questionne nos besoins, on est tourné vers l'intérieur de nous, et sur tout ce qui touche à l'origine, on s'intéresse à l'extérieur : la nature, les autres... Je te raconte ça d'une manière très schématique mais en réalité je pense que nous, les autres, et la nature sommes tous liés et ne faisons qu'un. Fin de la parenthèse spirituelle **chalala**.

Je vais écrire très gros pour que tu comprennes bien :

LE FAIT DE SE PRÉOCCUPER DE SOI-MÊME N'EST PAS ÉGOÏSTE !!!

Un jour d'ailleurs, mon chéri m'a dit d'un air très inspiré : « Le monde irait tellement mieux si chacun s'occupait de ses fesses. » Il ne disait absolument pas ça dans le sens : tout le monde doit rester replié sur lui-même, vive l'individualisme et mort à la solidarité ! Pas du tout, au contraire, puisque nous étions en train de parler de bonheur et du fait que chacun a la responsabilité de son propre bonheur. Mais si chacun de nous prenait en main la construction de son propre bien-être, la vie serait beaucoup plus simple et les relations beaucoup plus fluides *(par contre tu ne pourrais plus accuser ta collègue d'être responsable de ton humeur de caniche)*.

Seulement voilà, mise à part une poignée de personnes souffrant d'une psychopathologie, notre bonheur et celui des autres sont souvent liés, car prendre soin des autres et de la nature comme on aimerait que l'on prenne soin de nous, ça nous apporte du bien-être.

Qu'est-ce que l'empathie ?

Voici la définition de l'empathie d'après le dictionnaire Larousse : « Faculté intuitive de se mettre à la place d'autrui, de percevoir ce qu'il ressent. »

Nous y voilà : il s'agit donc de se mettre à la place de l'autre.

L'empathie est un état normal, c'est une étape de notre construction. Elle est d'ailleurs nécessaire au bon fonctionnement de notre société. Sans empathie, on ne serait pas capable d'élever nos enfants, qui sont plus faibles que nous, de prendre soin des personnes âgées, de ne pas voler notre voisin juste parce que sa télé nous plaît, ni de rester poli avec la pauvre personne qui nous appelle pour un sondage.

Bref, la société ne tiendrait pas en place et ça serait le chaos.

Comme l'empathie nous amène à nous mettre à la place de l'autre, elle nous oblige à nous interroger sur la place de chacun, sur la différenciation entre soi et l'autre. Or, parfois, on peut se laisser submerger par les émotions de l'autre et se les approprier complètement.

Une empathie trop envahissante

Quand elle devient envahissante, l'empathie n'est pas forcément un cadeau au quotidien. H en est un bon exemple, même si elle se soigne ! Lorsqu'on a fait notre conférence TedX dont elle t'a déjà parlé, j'ai vu grâce à elle un exemple typique d'empathie envahissante.

Plusieurs intervenants passaient à la suite pour faire leur *talk*, qui sont vraiment organisés avec des textes appris par cœur (ou pas, pardon H pour les sueurs froides que je t'ai données avec ma mémoire de Dory : « T'inquiète ! On y va au talent ! »).

On était dans les coulisses et on attendait notre tour quand, à un moment, une conférencière qui passait avant nous a eu un énorme trou de mémoire pendant son intervention ! Gros silence dans la salle, le vide, elle a complètement perdu le déroulé de son speech. Il y a eu quelques secondes qui ont paru interminables avant qu'elle ne reprenne ses moyens et continue son exposé.

Tu aurais vu H pendant ces quelques secondes ! J'ai cru qu'elle allait tourner de l'œil ! Le trou de mémoire de cette conférencière l'a mise mille fois plus mal à l'aise que le trac de notre propre *talk* ! C'était impressionnant.

Du coup, l'empathie, c'est bien, mais seulement si ça n'empiète pas sur ton propre bien-être. Ce n'est pas une simple contagion émotionnelle. Lorsque notre capacité d'empathie est bien équilibrée *(non, je n'ai pas dit que H était déséquilibrée)*, elle se joue sur un double niveau :

- L'autre : je perçois son émotion, je peux même en ressentir une partie.
- Soi : je comprends néanmoins que c'est l'émotion de l'autre en priorité.

Autrement, on devient juste une éponge à **bullshit**, et il n'y a de bénéfice ni pour l'autre ni pour soi.

Quand l'empathie se transforme en éco-anxiété

L'éco-anxiété, autrement appelée solastalgie, est une forme de détresse psychologique liée aux problèmes environnementaux. Cet état mental touche un nombre grandissant de personnes depuis quelques années, à tel point qu'il commence à être étudié par la psychiatrie.

La prise de conscience écologique n'est de toute façon pour personne un moment agréable à passer. Comme lors d'un processus de deuil, nous traversons différentes étapes : le déni, la colère, la tristesse, etc. Puis viennent normalement l'acceptation et la remise en mouvement.

Mais pour les personnes souffrant d'éco-anxiété, les symptômes sont beaucoup plus graves, pouvant aller jusqu'à des idées suicidaires. Ces personnes sont accablées à la fois par leur lucidité, par leur sensibilité et par leur empathie. Certaines d'entre elles ressentent même dans leur corps la souffrance de la planète et ne parviennent pas à se sortir de cet état dépressif profondément ancré.

Sortir de l'éco-anxiété : Joanna Macy et son « travail qui relie »

Si tu souffres d'éco-anxiété et qu'isolement, désespoir et sentiment d'inutilité profonde sont devenus ton quotidien, sache qu'il existe des accompagnements. Le « travail qui relie » est l'un d'eux, et ce n'est pas pour rien que leur créatrice l'appelait auparavant « travail sur le désespoir et réappropriation de son pouvoir ».

Joanna Macy, écophilosophe, part du postulat que l'humanité s'est mise en danger elle-même en raison de la violence que l'humain exerce tant contre les autres (humains ou non humains) et la planète que contre lui-même.

Les ateliers qu'elle propose ont un objectif multiple :

- Réanimer le lien profond avec la terre (H te parlera de ce lien avec la Terre qui se perd dans notre quotidien dans le chapitre sur l'Utilité).
- Trouver un espace pour exprimer l'éco-anxiété, car il est souvent difficile de le faire dans la vie quotidienne.
- Se libérer de la paralysie découlant de l'éco-anxiété pour développer une *espérance active* et les moyens et ressources, intérieures et sociales, de la traduire en actes concrets.

Il s'agit d'ateliers en groupes se déroulant en quatre étapes :

Étape 1 : Affirmer la gratitude

Directement inspirée de la tradition bouddhiste, cette étape est un temps pour se remémorer la beauté de la vie et de la nature dans laquelle nous vivons quotidiennement. Il s'agit donc d'un temps donc pour diriger notre regard ailleurs que sur les objets et la consommation quotidienne dans laquelle nous sommes complètement immergé.e.s.

Étape 2 : Travailler sur le désespoir

La seconde étape a pour objectif d'accueillir les émotions telles que l'effroi, la colère, l'injustice, l'indignation ou la tristesse face à ce qui se joue à l'heure actuelle au niveau planétaire, mais aussi d'identifier les forces internes qui nous paralysent : peurs, sentiment d'impuissance, de culpabilité... Et donc de prendre conscience de notre responsabilité dans ce qui se produit actuellement à l'échelle de la Terre.

Étape 3 : Voir avec des yeux neufs

Il s'agit ici de réaliser et ressentir, à travers la douleur que nous ressentons pour le monde, l'interconnexion entre tous les êtres, notre appartenance à un tout. L'objectif de cette étape est de découvrir que chacun a le pouvoir de créer une société soutenable.

Étape 4 : Passer à l'action

Cette dernière étape relie ce travail et la vie quotidienne : les participants sont amenés à identifier les compétences et aspirations, mais aussi les appuis extérieurs qu'ils peuvent mobiliser pour mettre en place des actions concrètes.

Témoignage de Géraldine Rémy, auteure de *Les Secrets de la licorne*

Comment dépasser son éco-anxiété ?
En 2017, je lis le livre *Comment tout peut s'effondrer* de Pablo Servigne et Raphael Stevens. J'y découvre la collapsologie. Au fil des pages, le sol se dérobe sous

mes pieds. Les données hantent mon esprit de jour comme de nuit. 60 % des animaux sauvages disparus en quarante ans ? 80 % des insectes ? Le vivant se meurt dans le silence et l'indifférence générale.
Dans un premier temps, l'effondrement est en moi. Mon mental fonctionne à plein régime. Désormais, partout où je pose mon regard, je vois le déclin, la violence, l'injustice et la mort.
Lors d'un brunch, je conseille à mes proches de ne plus avoir d'enfants. Mes propos choquent et désarçonnent : « Vous ne vous rendez pas compte… Nous avons tous du sang sur les mains ! »
Un jour, le journaliste Clément Montfort propose de m'interviewer pour sa Web-série *Next* sur YouTube consacrée à la collapsologie. J'accepte à condition que personne ne me reconnaisse : visage anonyme et voix trafiquée. Après l'interview, Clément me met en lien avec le biologiste Gauthier Chapelle pour me sortir de ma solitude. Cette rencontre est un déclic. Elle me permet de comprendre un point essentiel : **nous pouvons réagir différemment aux mêmes constats factuels.**
Auteur d'essais sur l'effondrement, Gauthier n'a pas prévu de s'enterrer dans un bunker avec des conserves de cassoulet ! Nous pouvons transformer nos peurs en engagement créatif. Alors, je me laisse le temps :

- De revenir à mon corps et de soigner ma fatigue émotionnelle. Renforcer ses racines n'est pas égoïste. À l'heure où j'écris ces lignes, je reviens de trois semaines de repos au cœur de la nature, dans le silence et l'instant présent. Batteries rechargées !
- De mûrir les projets qui me tiennent à cœur. Plonger dans le déni ne sert à rien, mais fuir en

avant non plus. Quels projets me donnent envie de m'engager corps et âme ?
- De me former. Permaculture, intelligence collective... C'est un univers qui s'ouvre à moi et qui me permet de rencontrer des gens de tous horizons... mais aussi mes voisins pour la première fois !
- De nouer des liens de camaraderie avec des personnes inspirantes. Bénévolat dans le groupe « Gestion budgétaire, entraide et minimalisme », éco-team dans mon école, groupe d'action locale avec d'autres militants zéro déchet.
- De semer de précieuses graines. En 2018, un rêve se réalise : la parution de mon essai-témoignage *Les Secrets de la licorne* dans lequel je raconte avec humour mes aventures dans la transition écologique. Personne n'est parfait, mais nous pouvons tous donner le meilleur de nous-mêmes. Ça n'a aucun rapport avec une attitude de déni envers l'effondrement qui a lieu.

Semer des graines de peur, tenir des propos haineux ou misanthropiques envers les autres, les « fautifs », ne fait pas avancer. Dans le groupe Facebook « Gestion budgétaire, entraide et minimalisme », nous demandons aux licornes d'échanger avec bienveillance et sans jugement, pas parce que nous vivons dans un monde de Bisounours, mais parce que nous mesurons le pouvoir de guérison ou de destruction des mots.

- Nous pouvons construire des ponts plutôt que des murs.
- Nous pouvons déployer notre créativité.
- Nous pouvons raconter de nouveaux récits.
- Nous pouvons construire des oasis de résilience.

Devenir meilleur est à portée de main !

… et pas du tout

Loin des yeux, loin du cœur

On a parlé plus haut du « trop d'empathie », mais si on parlait du « pas assez » ? Je crois que sans trop s'avancer, on peut dire trois choses au sujet de l'empathie :

- **Notre empathie est en grande partie influencée par notre culture et notre histoire personnelle.** Selon les sociétés, on n'a pas la même empathie, par exemple envers les animaux, les personnes âgées, les femmes ou même les végétaux…
- Ensuite, **on a chacun de l'empathie pour des personnes qui sont dans des situations particulières, qui nous renvoient des choses à nous.** Par exemple, si un de nos proches est décédé d'une grave maladie, on aura plus d'empathie envers les personnes atteintes de cette maladie ou leur entourage que si on n'y a jamais été confronté.e.
- **On a davantage d'empathie pour ceux qui nous ressemblent.** Plus on peut s'identifier à la souffrance de l'autre, plus on est capable de ressentir d'empathie.

Résultat des courses : comment avoir de l'empathie pour un enfant qui fabrique des jeans en Asie (même si culturellement, chez nous, on doit prendre soin des enfants), pour un ours polaire qui meurt sur la banquise qui fond ou une tortue qui s'étouffe avec un sac plastique, pour un employé sans papiers exploité dans les serres du Sud de l'Espagne ?

Je n'ai pas la réponse à cette question, et je pense que personne ne l'a. S'il y en avait une, vu les millions d'informations à notre disposition, tout le monde aurait radicalement changé de comportement dans sa consommation depuis longtemps. Le problème ne vient pas d'un manque d'informations, d'études, de faits. Presque tout le monde aujourd'hui y a accès, et même sans chercher à se renseigner plus que ça, il est absolument impossible de ne pas avoir entendu parler de déforestation ou de réchauffement climatique.

Ils sont trop loin de nous, on ne les voit pas, ils ne font pas partie de notre quotidien. *Ils sont des images sur une télé ou un ordinateur.*

C'est pour cette raison que H et moi, on trouve très bien que des gens continuent à alerter et à diffuser de l'information, mais on a choisi d'appuyer sur un autre levier : les bénéfices qu'on trouve *soi-même* à arrêter de surconsommer.

Plus l'intérêt est proche de nous, plus l'impact est rapide et visible, plus il y a de chance qu'il y ait un réel passage à l'action. Autrement, c'est « Oh, comme c'est triste cette forêt amazonienne qui brûle » *(ouvre le frigo et va te faire cuire un steak).*

La dissonance cognitive

Et justement, diminuer le plus possible les situations de dissonance cognitive que l'on peut rencontrer dans nos actes de consommation, ça fait réellement partie de ces bénéfices.

Personnellement, la dissonance cognitive chez mes congénères m'a toujours fait halluciner. Je ne suis pas la dernière non plus de ce côté-là, mais ce phénomène me fascine !

Prenons un exemple qui te parlera forcément : le Nutella. Je ne pense pas qu'il y ait une personne sur Terre qui ne soit pas au courant des conséquences désastreuses de cette pâte à tartiner *(qui est extrêmement bonne et addictive, c'est bien là le drame. Que celui qui n'a jamais mangé du Nutella à la cuiller soit foudroyé sur-le-champ).*

Bon, la plupart des gens ne sont peut-être pas au courant de tout dans les moindres détails, mais tout le monde a vu passer à un moment où un autre une photo d'orang-outan squelettique chassé de son environnement naturel à cause de la monoculture de l'huile de palme.

- Tout le monde aime la nature.
- Tout le monde souhaite que les animaux sauvages puissent vivre heureux dans leur environnement naturel.
- Tout le monde souhaite vivre en bonne santé.
- **... mais tout le monde mange du Nutella.**

Notre ami Wiki nous apprend : « *En psychologie sociale, la* **dissonance cognitive** *est la tension interne propre au système de pensées, croyances, émotions et attitudes (cognitions) d'une personne lorsque plusieurs d'entre elles entrent en contradiction l'une avec l'autre.* »

On pourrait juste croire que les gens s'en foutent et qu'ils sont égoïstes, mais je ne le pense pas. La dissonance cognitive, c'est pas confortable (puisque Wiki nous dit que c'est une tension). Du coup, naturellement, on va chercher à l'atténuer.

On n'aime pas les incohérences, on n'aime pas les contradictions, on préfère quand les choses sont logiques. Alors qu'est-ce qu'on fait ? Eh bien on va chercher à remettre de la cohérence dans nos pensées, même si pour ça il faut faire entrer des carrés dans des ronds et pousser très fort.

Dans le cas du Nutella, ça peut donner : OK le Nutella c'est pas bon ni pour moi ni pour la planète mais bon... :

- J'ai le droit de me faire plaisir de temps en temps.
- Ce n'est pas le pot de Nutella que j'achète une fois par mois qui va déterminer l'état de la planète.
- Quand les politiques et les industriels feront des efforts pour l'écologie, je m'y mettrai.
- Je n'ai pas le temps de trouver des alternatives.
- Etc.

Finalement, la dissonance cognitive est plus ou moins grande selon le degré auquel on croit à nos excuses : si tu es complètement persuadé.e que tu es dans ton bon droit de manger du Nutella tous les jours, il n'y a aucune dissonance cognitive... C'est seulement si tu connais vraiment les conséquences **et que tu en manges quand même** qu'elle entre en jeu.

Dis-moi, ça ne ressemblerait pas un peu à de la culpabilité ?

Aujourd'hui, on sait beaucoup de choses. Mis à part deux ou trois climato-sceptiques de mauvaise foi, il est établi que l'activité humaine telle qu'elle est à l'œuvre actuellement aura (et a déjà) de graves conséquences sur l'écosystème et donc sur la survie de notre espèce (la Terre s'en remettra toujours, nous moins).

- À chaque fois que tu manges de la viande alors que tu as vu une vidéo sur les conditions de survie des animaux dans les abattoirs, tu es en dissonance cognitive.
- À chaque fois que tu achètes un tee-shirt à 2 € dans un magasin de vêtements à bas prix alors que tu connais les conditions de vie des ouvrières au Bangladesh, tu es en dissonance cognitive.
- À chaque fois que tu prends ta voiture pour faire 500 mètres alors que tu viens de voir au JT qu'on est en alerte pollution, tu es en dissonance cognitive.

Il n'est pas question ici de juger les actes eux-mêmes, mais l'écart qu'il y a entre l'acte que tu poses et tes valeurs. D'ailleurs, plus tes valeurs sont fortes, plus l'écart est important, plus la dissonance augmente, **et plus tu te sens mal.**

Le seul et unique moyen de se débarrasser de la dissonance cognitive, c'est d'aligner ses valeurs et ses actes. C'est extrêmement simple sur le papier, sauf qu'on a tous des « Oui mais ».

Changer ses habitudes peut être difficile et inconfortable

... mais avoir en arrière-plan de sa tête un petit monstre qui te répète H24 que tu ne fais pas de ton mieux, c'est encore pire.

Comment ne pas passer sa vie en investigations ?

La charge morale

Bon, je crois que tu auras compris que ce n'est pas simple, cette histoire d'empathie. C'est vraiment une histoire d'équilibriste pour trouver l'harmonie entre soi, ses besoins, et ceux des autres.

Comme tu es certainement une très gentille personne qui a très envie de bien faire, tu dois avoir de belles valeurs : tu voudrais un monde où la nature est respectée et où les animaux et les humains ne sont pas exploités. Tu voudrais être aligné.e avec ces valeurs et que ta consommation les reflète.

Seulement, problème : comme la norme de consommation va aujourd'hui complètement à l'encontre de ton monde idéal, tu as l'impression d'avoir une montagne devant toi et de devoir faire une retraite de méditation d'une semaine avant chaque achat. Ça te décourage d'avance.

Tu sais quoi ? On peut se dire clairement les choses puisqu'on est entre nous : ça peut être super pesant, toute cette charge morale. Parfois, on a l'impression que si on limite un impact d'un côté, on se retrouve avec un autre à la place, que tout, absolument tout est fait pour nous compliquer la tâche, et on a envie de crier très fort « Je m'en fous !!! » en se jetant tout nu dans une fontaine de Coca.

Sans compter que tout comme la charge mentale, sa copine la charge morale est dans les foyers essentiellement portée par les femmes. Oui, tu vas me dire que tu connais des hommes qui participent à la vie du foyer exactement comme leurs compagnes, mais je te le dis : c'est rare. Encore aujourd'hui, les femmes passent presque deux fois plus de temps à s'occuper de la maison et de ses habitants que les hommes. Ça avance, mais c'est loin d'être gagné.

Eh bien la charge morale, c'est pareil.

Herveline et moi, on a l'expérience de centaines, de milliers de témoignages de femmes qui se font des nœuds au cerveau pour consommer au mieux pour leurs familles et pour la planète. Oui, des hommes commencent à s'y mettre, mais dans les foyers, dans l'immense majorité des cas, l'impulsion de consommer mieux vient des femmes.

Quelques pistes

Je vais te donner quelques conseils simples pour essayer de débroussailler tout ça. Ce sont des pistes, ça ne veut pas dire que chaque point est 100 % fiable à lui tout seul et parfait, mais ça te permettra déjà de trier un peu !

Se fier aux labels

Que ce soit AB (Agriculture biologique), Écocert, Cosmébio, Nature et Progrès, Oeko Tex, Commerce équitable, etc., il existe aujourd'hui pas mal de labels, qui ne sont peut-être pas totalement parfaits mais qui te permettent quand même de savoir qu'un effort est fait en termes de toxicité, de respect de l'environnement et de conditions de travail.

Boycotter certaines marques et fuir au maximum les supermarchés

Comme je suis intrinsèquement une grosse feignasse, j'ai trouvé une stratégie « économie d'énergie » qui est plutôt pas mal : accorder ma confiance à des revendeurs au lieu de scruter chaque produit. Par exemple, je sais que les produits que je vais trouver dans mon magasin bio ont beaucoup plus de chances de correspondre à mes valeurs que ceux trouvés en supermarché.

Tu peux faire de même pour tout ce qui est vente en ligne, en trouvant un e-shop avec de belles valeurs qui vend plusieurs marques. Bien sûr, ça ne te dispense pas de checker la compo des produits que tu achètes, mais déjà tu y vas un peu plus serein.e.

Acheter d'occasion

C'est toujours une bonne solution : tu sais que cet objet n'aura généré aucun impact pour sa deuxième vie avec toi.

Aujourd'hui, non seulement acheter des objets de seconde main est vraiment passé dans les pratiques courantes, mais c'est de plus en plus facile de trouver à peu près tout ce qu'on cherche, de l'électroménager aux vêtements, des meubles aux téléphones reconditionnés en passant par la décoration, les ustensiles de cuisine ou les outils !

Utiliser des produits bruts

Le problème des produits transformés (par exemple les plats préparés en cuisine, ou bien les crèmes en cosmétique), c'est qu'il y a toujours un côté nébuleux dans la composition : comme tu ne parles pas le latin couramment et que tu n'as pas de Master 2 en chimie, en vrai tu ne comprends pas vraiment ce qu'il y a dedans.

Une astuce assez simple : toujours se méfier des produits qui ont une liste d'ingrédients très longue. Peut-être que tu sais décrypter une étiquette, ça c'est cool, mais si ce n'est pas le cas : si tu vois que c'est trop long, fuis.

Fais toi-même, que ce soit tes plats ou tes produits d'entretien, au moins tu sauras ce qu'il y a dedans.

Et pour les cosmétiques : deux ou trois produits bruts comme un hydrolat, une huile végétale ou du gel d'aloe vera, et tu n'auras besoin de rien d'autre.

Ma routine soin du visage et du corps de grosse flemmarde minimaliste

- Voici ce qu'il faut savoir : une crème est composée d'eau (c'est-à-dire un hydrolat, une eau florale), d'huile pour nourrir, et d'émulsifiant pour mélanger tout ça, sinon ça fait comme ta vinaigrette : l'huile remonte et l'eau reste en bas. *Voilà*.
- Dans la plupart des crèmes du commerce, tu as beaucoup d'eau (même pas florale) et ensuite des trucs bizarres issus de la pétrochimie.
- Ma solution « no prise de tête » pour ne pas avoir à creuser ma ride du lion en lisant les étiquettes de crèmes : utiliser les produits un par un, indépendamment : je me pschite le visage avec une eau florale, et ensuite je m'applique une huile. C'est aussi rapide, beaucoup plus sain, et beaucoup plus économique.

Ne pas hésiter à poser des questions au fabricant

C'est quelque chose qu'on ne fait pas assez souvent alors que c'est pourtant hypersimple. Personnellement, je m'y suis mise via l'activité « blogging » de mon entreprise.

Comme je ne veux évidemment mettre en avant que des produits d'excellente qualité sur mon blog, et malgré le fait que je sois quand même bien avancée en lecture d'étiquettes, il m'arrive encore de temps en temps de me poser des questions. Alors je demande aux marques, tout simplement. Ou à n'importe qui qui pourrait me renseigner.

La semaine dernière, je me demandais comment recycler les lames en acier inoxydable de mon rasoir de sûreté. J'ai envoyé un message Facebook au service environnement de ma communauté de communes, qui m'a répondu deux jours plus tard (dans la poubelle noire, si tu veux savoir). C'est hyperfacile, ça prend trois secondes.

C'est pareil pour des suggestions qu'on peut avoir, sur la réduction des emballages, par exemple. Ça nous met dans une position de consommateur actif, d'acteur qui cocrée avec le vendeur, et pas seulement de porte-monnaie sur pattes.

Faire remonter nos besoins et nos envies n'est jamais mal pris par les commerçants (sauf si tu les insultes, mais tu ne ferais pas ça), au contraire, c'est une aubaine pour eux de pouvoir s'améliorer et satisfaire leur clientèle.

Consommer moins

Eh oui, toujours pareil, pas de secret : dans le doute, si c'est possible, n'achète pas ! L'objet ayant le moins d'impact est celui qui n'a pas été produit, n'a pas voyagé, et n'a pas été transformé en déchet, logique.

Je vais te faire tout un laïus sur consommer moins/consommer mieux dans le chapitre suivant, donc pour le moment, je te laisse tranquille avec ça !

À chacun ses valeurs prioritaires

Choisir, une obligation ?

Il y a une question qui nous gonfle par-dessus tout avec H, c'est : « À votre avis, il vaut mieux consommer bio de l'autre bout du monde ou pas bio et local ? » Bon, en vrai, si tu nous poses cette question, on va accrocher notre plus beau sourire et te répondre calmement, déjà parce qu'on est gentilles, mais aussi parce que si on nous a posé 20 000 fois cette question, c'est qu'il y a là une vraie interrogation pour beaucoup de gens.

Ce qu'on répond toujours dans ces cas-là : *pourquoi choisir ?*

Cette question émane très souvent de personnes qui font leurs courses dans les supermarchés, où les produits bio sont malheureusement la plupart du temps d'origine lointaine et suremballés. *Remarque, c'est aussi le cas dans pas mal de magasins bio, et c'est bien dommage.*

Dans cette situation, deux valeurs se font face : tu as les « pro-bio à tout prix » (généralement pour des questions de santé dans ce cas-là) contre les « local avant tout ». Pour moi, ce dilemme est assez facile à résoudre : je consomme majoritairement bio ET local. En effet, je suis abonnée à un panier AMAP (Association pour le maintien d'une agriculture paysanne) et je vais donc chercher mon petit panier de légumes bio toutes les semaines chez un producteur qui se trouve à 5 km de chez moi.

Autre exemple de valeurs qui s'affrontent : quand j'ai commencé à m'intéresser au végétarisme et au véganisme, je me suis inscrite dans des groupes Facebook pour avoir des infos et des idées de menus. J'ai découvert une chose qui m'a à l'époque beaucoup étonnée : pour certains végans, le véganisme est la seule valeur prioritaire. Certains achetaient par exemple beaucoup de nourriture industrielle et suremballée, ça leur convenait du moment que ça ne contenait aucun produit d'origine animale.

On trouve aussi sur Internet des *green fashionistas* adeptes du bio et de la nourriture *healthy* qui consomment des avocats et des bananes tous les jours.

Pour comprendre ce phénomène de valeurs qui peuvent être contradictoires, il suffit de reprendre les questions à se poser que j'énonçais au début de ce chapitre. Mis à part les légumes de mon producteur (qui sont bio, bons, locaux, bons pour ma santé et qui lui assurent un revenu juste), je suis confrontée à une *battle* de valeurs dans ma tête pour chaque achat :

- En vrac ou local et emballé ?
- Commerce équitable ou bio ?
- Vêtement neuf éthique ou issu de la *fast-fashion* mais d'occasion ?
- Achat en ligne d'un objet éthique de A à Z ou faire travailler l'artisan de mon village ?
- Magasin bio à 40 km ou supérette classique du bout de la rue ?
- Chaussures en cuir d'occasion ou en matière synthétique ?

Être ou ne pas être ? Dans quel état j'erre ?

Bref, tu vois un peu la prise de tête quand tu essaies d'aligner tes valeurs et ta consommation !

Les différentes valeurs

Des fois je me demande pourquoi les écolos sont si prompts à se juger et à taper les uns sur les autres. Je crois que c'est juste parce qu'ils sont convaincus que leurs valeurs prioritaires devraient être universelles et applicables à tout le monde.

On peut avoir des valeurs plus ou moins nombreuses et plus ou moins fortes. De mon côté, je serais plutôt du genre à avoir des valeurs diversifiées mais dont très peu sont archiprioritaires.

Quelques exemples de valeurs :

- Bio.
- Circuit court.
- Véganisme.
- Zéro déchet.
- Artisanat.
- Minimalisme.
- Santé.
- Caractère humain de l'entreprise et du management.

Accepter qu'elles ne soient pas toutes compatibles

Ça serait tellement plus simple si tout ce qu'on achète pouvait porter l'intégralité de notre vision du monde. Malheureusement, ce n'est presque jamais possible. Pour le coup, acheter moins résout en grande partie ce problème : Herveline te parlait précédemment du « fuck yes ! », donc si c'est pas « fuck yes ! », t'achète pas.

Mais même si j'aimerais ne consommer que les légumes de mon producteur puisqu'ils cumulent toutes mes valeurs, mon existence nécessite d'autres achats. Si tu es comme moi, tu as envie de te rouler par terre en criant très fort, parce que choisir c'est renoncer, et que renoncer, tu n'aimes pas ça.

En plus de ça, on a la fâcheuse manie de focaliser notre attention sur ce qu'on fait de mal plutôt que sur ce qu'on fait de bien. Ainsi, lorsqu'on fait un achat, on va regarder quelle valeur on a un peu rognée plutôt que celle qu'on a choisi de prioriser.

Je vais t'avouer un secret : chaque printemps/début d'été, j'attends les tomates avec un peu d'impatience (faux : avec beaucoup trop d'impatience). Elles commencent à arriver dans les magasins bio quelques semaines avant chez mon producteur (je ne te parle pas des grandes surfaces où il y en a toute l'année, évidemment). Et moi je les regarde, je les regarde... Et j'attends, j'attends... Jusqu'à la fois où je ne peux plus attendre et où je commets l'acte le plus vil, répréhensible, sans morale, sans foi ni loi de tous les temps : en général au mois de juin, je craque et j'achète une fois trois ou quatre tomates bio qui viennent d'Espagne en faisant mes courses au magasin bio.

Et je culpabilisais ! Jusqu'à ce que je me dise : « Hé cocotte, on parle quand même de tomates bio achetées sans emballage dans un magasin bio, et une fois par an ! » *Ah oui.*

Lorsqu'on en a l'occasion, il est super agréable de pouvoir associer plusieurs de nos valeurs avec un achat. Je t'ai parlé des légumes de mon producteur AMAP, mais ça peut aussi être acheter du riz bio de Camargue en vrac, ou un savon solide zéro déchet bio d'une petite entreprise française.

C'est donc possible dans certains cas, mais pas tout le temps, on ne va pas se mentir. Dans ce cas, il va falloir trancher. *(Je t'ai déjà fait la blague de* La Cité de la Peur *dans ce livre ou pas, j'ai la flemme de tout relire ?)*

Choisir ses valeurs prioritaires

Être au clair sur une sorte de petit classement de tes valeurs, ça te permettra de ne pas te perdre complètement quand tu te questionneras sur l'origine d'un produit que tu veux acheter.

Ce n'est pas un exercice si facile qu'il en a l'air : je voulais te citer mes valeurs prioritaires et je me suis retrouvée embourbée dans mes propres incohérences ! J'essaie quand même :

- **Sans produit d'origine animale :** si un objet ou un produit contient quoi que ce soit qui provient d'un animal, je passe

B I S O U

mon chemin. Même si c'est un savon au lait d'ânesse bio fabriqué artisanalement juste à côté de chez moi. Même si c'est du cuir sur un vêtement d'occasion. Je pense que c'est ma seule valeur prioritaire. Sauf que ma meilleure amie m'a donné un bloc de cire d'abeilles d'un ami apiculteur, et je l'utilise. *Bref.*

- **Si je dois choisir entre bio et local :** je prends bio si c'est français ou européen. Sinon je prends local.
- **Si je dois choisir entre bio et emballé ou en vrac conventionnel :** je prends bio et emballé.

En fait, tu vois, c'est à chacun de se réajuster en permanence au niveau de ses valeurs et de tricoter avec ça.

Je t'ai parlé de MES valeurs, je ne t'ai pas dit que c'était obligé de faire comme moi. On ne va pas te dire dans ce livre : les valeurs prioritaires ça doit être ça, ça, puis ça ! Je t'ai donné des exemples de valeurs, maintenant c'est à toi de voir ce qui te parle le plus, ce qui résonne le plus en toi : c'est d'autant plus important que tu seras plus impliqué.e et que tu agiras avec plus de joie si tu te tournes vers des achats qui sont en phase avec tes valeurs à TOI.

Comment tu te sens quand tu consommes d'une façon juste pour toi

Tâtonner

- Tu es tombé.e sur Internet ou aux infos sur quelques scandales sanitaires et/ou écologiques, et tu prends conscience qu'il serait temps de changer un peu ton mode de consommation.

- Tu essaies timidement deux ou trois trucs, tu réussis, tu loupes, tu fais machine arrière.
- Tu te renseignes, tu fais tes petites recherches, tu persévères.
- Tu discutes avec d'autres, de tes choix, de leurs choix.
- Et puis un jour, tu as une **fulgurance** ! Tu comprends tout à coup que tu as le CHOIX, une multitude de choix, bien plus grande que tout ce que tu aurais pu imaginer.
- Tu réalises qu'il n'y a pas un monde avec une vérité, mais qu'il y a autant de mondes que de personnes qui respirent. ***Que ton monde, c'est toi qui le crées.***

Mais aussi bizarre que ça puisse paraître, avoir beaucoup de choix, de liberté, ça fait peur. Et c'est contraignant, aussi, parce que c'est beaucoup moins fatiguant de faire ce qu'on nous dit, sans réfléchir.

Du coup, au début c'est un grand « Non ! » qui sort de toi comme d'un enfant de deux ans qui fait une grosse colère (paye ton *terrible two*) : Non je ne veux pas porter sur moi ce tee-shirt fabriqué par des esclaves, non je ne veux pas manger ce morceau d'animal exploité et violenté, non je ne veux pas cautionner la déforestation, non je ne veux plus remplir ma poubelle à ras bord, non je ne veux plus ingérer ces pesticides, non je ne veux plus donner mon argent à cette enseigne qui fraude les impôts et maltraite ses employés pendant que le PDG s'en met plein les fouilles !

Non, non, NON !

Incarner

- Tu découvres alors que ta consommation et toi, vous ne faites qu'un : tu ES ta consommation. Que les valeurs et les paroles, c'est bien, mais que ça ne fait en rien avancer le schmilblik si tu n'agis pas.

- Tu retrouves ta puissance, ton pouvoir.
- Tu comprends que tu ne peux pas changer le monde en un claquement de doigts, mais que tu peux en revanche changer TON monde.

Il y a une dizaine d'années, quand j'ai commencé ma démarche, l'offre *green* était nettement plus limitée qu'aujourd'hui. Si les marques se sont mises à proposer du vrac, à réfléchir à leurs emballages, si l'offre bio s'étoffe, si des marques de vêtements éthiques émergent, s'il y a de plus en plus de cosmétiques bio et solides... c'est tout simplement qu'il y a la demande.

La demande vient de gens comme toi.

En te tournant vers ce mode de consommation, et en tournant le dos au reste, tu te positionnes, tu fais un choix et tu poses un acte qui te paraît minime, mais dis-toi bien qu'il ne l'est pas. Si personne n'avait fait comme toi, à essayer de se tourner vers des alternatives éthiques et responsables, on n'en serait pas là.

L'offre s'adapte à la demande : nous avons un pouvoir extraordinaire.

Pour beaucoup d'entre nous, l'affirmation de soi et de ses valeurs a commencé par la consommation. Devenir une **licorne**, ça t'apprend plein de choses :

- Réfléchir par toi-même en te détachant de cette norme si pesante.
- Incarner le changement dans ton quotidien.
- Te rapprocher des bonnes personnes.

Incarner tes valeurs, comme je l'ai dit plus haut :

- Ça évite la dissonance cognitive, et donc ça t'évite un inconfort plombant. Les bouddhistes disent que le bonheur, c'est d'éradiquer la souffrance. Et que la souffrance est en grande partie liée à la perception que l'on a d'elle.

- Ça te redonne confiance en toi et ça te renvoie l'image d'une personne stable, alignée, solide.
- Certaines personnes y trouvent même carrément un sens à leur vie.

Faire réellement de son mieux tout en acceptant avec bienveillance nos erreurs est une forme d'accomplissement. On n'arrive jamais au bout du chemin, car il n'y a pas de consommation parfaite, « zéro impact ». Par contre, on apprend en cours de route des choses vachement intéressantes et utiles que l'on se met à appliquer même en dehors de nos simples achats.

Pouvoir

- Apprendre que tu as le pouvoir, que tu es le décideur de ton monde et que tu as beaucoup plus de choix que ce que te souffle la petite voix qui te cherche tout le temps des excuses, ça t'aide à te positionner dans ta vie de tous les jours et dans tes relations.
- Décider que tu vas arrêter de te faire avoir par le *green washing* et apprendre à lire une étiquette, ça t'apprend que tu es capable de te débrouiller et d'être autonome.
- T'entourer de personnes qui sont dans la même démarche que toi et qui font briller leurs valeurs, je te préviens, ça peut aussi mettre en lumière les relations déconnantes dans ta vie. Ce n'est pas confortable, mais c'est tant mieux, en fin de compte, crois-moi. #jaitestépourvous

D'une manière générale, quand tu te mets à réfléchir à ta consommation, tu te mets en position d'arrêter de subir et de devenir acteur : autant te dire que c'est une compétence vachement utile à ton épanouissement.

S'apaiser

Ce que tu faisais avant par révolte, tu le feras plus tard dans la joie : tu n'agiras plus CONTRE (le système capitaliste, l'injustice, le réchauffement climatique...) mais POUR (toi, les autres, la nature).

Et cet apaisement-là, je peux te dire qu'il n'a pas de prix.

À partir de là, tu n'iras même plus regarder ce que ne fait pas ton voisin, ta ville, les industriels, etc., ça ne te fera plus bouillir inutilement et tu ne seras plus découragé.e par leur inaction, puisque tu ne compareras plus tes actes avec les leurs : tu feras ce que tu estimes devoir faire, point. Cela n'empêche bien évidemment pas de participer à des actions collectives, d'en parler autour de toi, ni de répondre aux questions que ce mode de vie ne manque pas de susciter : crois-moi, il reste absolument contagieux, même si tu n'as plus l'indignation chevillée au corps !

Ma démarche vers une consommation plus responsable m'apporte nettement plus de joie que de problèmes.

- Découvrir une petite savonnerie artisanale bio me fait frétiller pendant une demi-journée.
- Faire un pique-nique zéro déchet avec mes copines aussi.
- Tester une nouvelle recette avec les légumes de mon producteur bio et les œufs de mes poulettes réformées (alias « les Divas »), pareil.

À chaque fois, ce sont des moments de mini-**fulgurance** où je me dis : « Ah voilà, c'est ça, je suis à ma place ». Je sens au plus profond de moi que je fais bien, que c'est le bon chemin.

Quand tu arrives à extraire de ton cerveau la culpabilité, la honte, le sentiment de ne jamais en faire assez, et que tu mets à la place une plus grande confiance en soi et un sentiment d'alignement, je peux te dire que tu as déjà fait un bon boulot !

(Cette partie a été rédigée sans aucun support hallucinogène.)

U

comme Utilité

Par Marie, sorcière chalala inspirée par la pleine lune

L'abus de consommation
responsable rend heureux

L'abus de consommation
responsable rend heureux
L'abus de consommation
responsable rend heureux
L'abus de consommation
responsable rend heureux

Prologue : une sombre histoire de lune

#3615MYLIFE

Nous sommes un beau matin de printemps, à J-1 de la pleine lune.
Comme tout le monde, j'ai toujours entendu dire que la pleine lune avait une influence sur nous, sur notre énergie, sur nos humeurs. Bon, j'étais volontiers disposée à y croire : après tout, elle agit bien sur les marées, nous sommes en majorité composé.es d'eau, il y a quelque chose d'assez logique. Mais ça en restait là et personnellement, je ne ressentais pas du tout l'influence de la lune sur moi. Je pensais que c'était réservé à une catégorie de personnes attentives à leurs intuitions, ce qui n'était pas mon cas. Et prise dans le « métro-boulot-dodo », je t'avoue que c'était un peu le cadet de mes soucis.
Les années ont passé, ma démarche de consommatrice responsable a évolué. Et plus j'ai incarné mes valeurs, plus je me suis dépossédée de ce qui m'encombrait, et plus j'avais de place pour découvrir des aspects très intéressants de la vie.
Environ six mois avant de commencer la rédaction de ce livre, j'ai perçu les effets de la pleine lune sur moi. ~~Je suis devenue phosphorescente la nuit et je me suis mise étrangement à dormir en croissant~~. *(H, peux-tu arrêter de raconter n'importe quoi dans mon récit, MERCI.)*
Au début, je n'y ai pas prêté attention. Seulement voilà, aujourd'hui j'ai un mode de vie et une manière de travailler qui me demandent une introspection régulière. J'ai arrêté de courir et j'ai besoin de

prendre soin de mon état d'esprit pour pouvoir écrire, sinon rien ne vient (et c'est super énervant !).
Les pleines lunes sont maintenant pour moi l'opportunité d'un « nettoyage intérieur ». ~~Je fais beaucoup pipi et caca en écoutant religieusement la chanson du caca~~[16]. Elles me chamboulent, me font douter, me plongent dans la confusion. Elles sont l'occasion tous les mois de débroussailler, de jeter l'inutile et de revenir à l'essentiel.
Et justement, j'ai pris le temps cette fois-ci de vraiment sonder ce qui était essentiel pour moi. Ça m'a pris deux jours entiers, deux jours de moins pour l'écriture de ce livre. Loin de me culpabiliser, ils m'ont permis d'être très au clair sur ce que je veux te dire sur la notion d'utilité, tout en te racontant en plus comment se reconnecter à l'essentiel et prendre le temps de s'écouter a une conséquence bénéfique insoupçonnée : le double effet Kiss Cool *(c'est mal, mange une pomme bio à la place).*

Ça veut dire quoi, aujourd'hui, « utile » ?

#3615MYLIFE

Mon cher et tendre vivait dans une sorte de garçonnière quand je l'ai rencontré, un studio ultra-minimaliste et quasi vide. Quand il a été question de

16. Tu peux aller voir sur Youtube à quoi H fait référence. Ou pas. À tes risques et périls. On t'aura prévenu.e. On s'excuse d'avance. *Choice is yours.* (Spoiler alert : rien de crado, c'est une vidéo que les enfants de H regardent, n'appelez pas les services sociaux) : https://www.youtube.com/watch?v=HVQSbgG69Sc.

son déménagement, et qu'il a donc fallu trier toutes ses affaires, quelle ne fut pas ma surprise de tomber sur… un *défroisseur* pour vêtements. *Hum*. Limite encore emballé et n'ayant quasi jamais servi, bien sûr.
L'ensemble de ses possessions terrestres devait donc se résumer à :

- 2 assiettes
- 3 tee-shirts
- un téléphone
- et un défroisseur.

J'ai vraiment compris à ce moment-là que la notion d'utilité est propre à chacun !

Aujourd'hui, ici et maintenant, tous nos besoins primaires sont comblés. Il existe malheureusement des exceptions, mais toi qui tiens ce livre dans tes mains, je suis persuadée que tu as un toit sur la tête, de quoi manger à ta faim tous les jours, et la possibilité d'être soigné.e si tu en as besoin. **On pourrait s'en tenir à cette définition de l'utilité, finalement : ce qui comble nos besoins premiers, ce qui est indispensable à notre survie.** Ça serait d'ailleurs vachement plus simple au moment d'appliquer la méthode BISOU quand tu seras au rayon vernis à ongles.

Mais c'est un petit peu plus compliqué.

Si on fait un petit bond dans le temps ou dans l'espace, on se rend compte que cette approche de l'utilité – *ce qui comble nos besoins vitaux* – a existé à d'autres époques, et existe même encore aujourd'hui dans certaines régions du globe.

Encore aujourd'hui, nombre d'êtres humains n'ont même pas de quoi manger à leur faim, se vêtir correctement, et avoir un toit au-dessus de leur tête. Et dans le même temps, je suis en train d'écrire un livre qui apprend aux gens à se raisonner au rayon statuettes zen de leur magasin de déco préféré : *pas le même monde…*

J'espère que tu ne prends pas mal ce que je viens d'écrire. Je suis comme toi, une **privilégiée**. J'essaie d'en prendre conscience le plus souvent possible, nous en reparlerons plus bas.

Progrès et utilité

Je suis fâchée avec le terme « progrès ». Enfin, pas avec le terme ou la notion eux-mêmes, mais avec ce qu'ils sont devenus au fil du temps.

Prenons la définition du Larousse :

- Fait d'avancer, mouvement en avant, progression : *Suivre les progrès de l'armée alliée.*
- Fait d'aller vers un degré supérieur, de s'étendre, de s'accroître par étapes : *Les progrès de l'incendie.*
- Évolution régulière de l'humanité, de la civilisation vers un but idéal : *Croire au progrès.*
- Transformation vers le mieux dans un domaine particulier, évolution vers un résultat satisfaisant, favorable : *Suivre le progrès des négociations.*
- Amélioration de quelqu'un dans le domaine des connaissances, des compétences, etc. : *Constater les progrès d'un élève.*
- Ce qui marque une étape dans le sens d'une amélioration : *Il recommence à marcher, c'est un progrès.*

Les deux premiers points font seulement état d'une idée d'avancée, de mouvement. *Admettons.* Mais là où ça se corse, c'est à partir des points suivants : « vers un but idéal, transformation vers le mieux, amélioration ». BIM ! On n'est plus dans quelque chose de factuel, on est dans la subjectivité.

La notion de progrès a plutôt une connotation positive : ça sonne comme « moderne », « avant-gardiste », « amélioration de la vie ». Ferme les yeux et laisse-toi envahir par le mot « progrès ». Qu'est-ce qui te vient ? Moi, je pense aux progrès incroyables de la médecine, à tout ce qui nous permet de vivre plus longtemps et en meilleure forme.

À l'inverse, quelqu'un qui refuse le progrès est considéré comme rigide, qui ne vit pas avec son temps, réfractaire au changement. J'ai une pensée émue pour tous les parents qui ont utilisé des couches lavables et qui ont eu droit à la litanie sur « tu reviens au temps de nos grands-mères, blablabla... ». **À quel moment peut-on considérer que produire et jeter des tonnes de déchets par an tout en mettant des produits nocifs sur les fesses de nos bébés a été un progrès ?** *(Attends je cherche le but idéal... Non, je vois pas.)* Alors oui, on pourrait dire : le TEMPS, l'émancipation des femmes. Moins de temps à laver le linge, plus de temps pour travailler et faire des trucs pour elles. Bah c'est pas une question de progrès mais de répartition des tâches, alors.

- Problème n° 1 : on n'a pas tous la même vision du fameux « but idéal » de la définition ni des notions de « transformation vers le mieux » et d'« amélioration ».
- Problème n° 2 : les industriels se sont emparés de cette notion pour nous vendre des choses qui transforment pour le mieux surtout l'état de leurs comptes en banque.

Top 10 des objets les plus inutiles selon le site « Terraeco » (*j'ai ri*)

1. Le couvercle-passoire pour boîtes de conserve.
2. Le réveil-haltère.
3. La sécheuse d'oreilles.
4. La machine à capsules pour biberons.
5. Le moule pour faire des œufs carrés.
6. Les lunettes de soleil pour chiens.
7. La clé à molette électrique.
8. La boîte de conservation pour avocats, tomate, ail, citron…
9. La tong qui décapsule *(quoique… non, je rigole !!!)*.
10. Le vélo pour limousine.

L'esprit humain ne cesse de chercher, d'inventer, d'étendre son savoir. C'est cool ! Mais à y regarder de plus près, on se rend compte que le progrès technique ne va pas toujours de pair avec le progrès tout court. Petits exemples :

- Est-ce un progrès d'offrir une tablette à chaque élève d'une classe de CM2 ?
- Est-ce un progrès de proposer dans les supermarchés des clémentines pelées dans des barquettes en plastique ?
- Le micro-ondes, est-ce un progrès ?
- Le défroisseur de vêtements, est-ce un progrès ? *(Pardon chéri.)*
- Amazon qui te livre en deux heures un article acheté en un seul clic, est-ce un progrès ?

Est-ce qu'on n'est pas en train de confondre « progrès » et « confort immédiat » ?

Finalement, on en revient à être totalement autocentrés et à considérer comme un progrès n'importe quel objet nous procurant un tout petit bénéfice immédiat, même si les conséquences, futures et ailleurs, sont désastreuses. *Idéal, le but,* really ?

Parfois, quand on est interviewées avec H, on nous demande si on est « contre le progrès » : la question compte triple (qui nous agace un peu, il faut le dire).

On n'est pas contre le progrès, on est contre ce que les industriels ont récupéré et détourné de la notion de progrès. Par exemple, on peut être évidemment pour les progrès de la médecine et déplorer en même temps les actions néfastes des lobbies pharmaceutiques !

« *Green washing* » et croissance verte

Quand on nous prend clairement pour des quiches

Je ne vais pas m'étaler sur le *green washing* puisque c'est un concept que l'on connaît bien et dont on parle beaucoup maintenant.

Je vais juste remettre la définition de l'ADEME pour celui qui dormait au fond de la classe ces dix dernières années :

> Le *green washing*, en français l'écoblanchiment, consiste pour une entreprise à orienter ses actions marketing et sa communication vers un positionnement écologique. C'est le fait, souvent, de grandes multinationales qui de par leurs activités polluent excessivement la nature et l'environnement. Alors

pour redorer leur image de marque, ces entreprises dépensent dans la communication pour « blanchir » leur image, c'est pourquoi on parle de *green washing*.

Tu noteras qu'il n'est pas écrit : « ... pour une entreprise à orienter SES ACTIONS vers un positionnement écologique » mais « ... pour une entreprise à orienter SES ACTIONS MARKETING ET SA COMMUNICATION vers un positionnement écologique ».

Là est toute la nuance ! Pourquoi ?

- Parce qu'un gars peut te vendre une salade composée suremballée dans du plastique en te disant juste que les deux tomates cerise dedans sont bio, alors que tout le reste est allègrement arrosé de pesticides.
- Parce qu'on peut te vendre une crème miracle pour le visage à l'huile d'argan naturelle alors que le pot n'en contient que deux gouttes et que tout le reste, ce sont des dérivés de produits pétrochimiques (véridique, je t'invite à lire mon article de blog sur la crème à l'huile d'argan).
- Parce que plus de 90 % des savons « naturels » qui inondent le marché ont pour premier ingrédient l'huile de palme, responsable d'une véritable catastrophe écologique.

Je pourrais te citer des dizaines d'exemples dans la même veine, mais je pense que tu as saisi l'idée : les marques mettent en avant UN composant de leur recette, même si celui-ci est tout en bas de la liste des ingrédients et ne représente que 0,2 % de la recette totale.

Il y a différents niveaux de *green washing*, selon moi :

- Le pire du pire : l'entreprise qui te fait un beau packaging vert à grand renfort de « NATUREL », « BON POUR LA SANTÉ », alors que dans le produit il n'y a pas un seul milligramme de plantes, à la rigueur un vague parfum de frais.

- Celles qui te vantent le naturel de leur produit alors que le seul ingrédient naturel représente 0,01 % du produit total.
- La marque qui te vend pour 99 % de son activité des produits transformés, polluants et mauvais pour ta santé, et qui sort une gamme bio.

Mon avis n'est pas radical sur ce dernier point. Si certains hurlent au *green washing* et au boycott de ces marques, de mon côté, même si je refuse d'en consommer, je me dis que ces entreprises agissent sous la pression des consommateurs. Oh bien sûr, elles ne le font pas pour la planète, mais uniquement parce que c'est un marché qui trouve des acheteurs. Mais cela démontre notre pouvoir !

Le *green washing*, c'est déprimant, il faut bien le dire.

- Ça nous donne une fois de plus l'impression d'être des porte-monnaie sur pattes, et que les industriels se fichent comme de leur première Rolex de notre santé et de l'état de la planète.
- Pire que ça : on nous a tellement habitué.e.s à prendre ce qu'on nous vend sans poser de question qu'on ne sait même plus si on se fait avoir ou pas.
- On a l'impression que tout est extrêmement compliqué, que tout est fait pour rendre les informations inaccessibles, et qu'il faudrait passer des heures chaque jour à scruter toutes les étiquettes pour ne pas se faire empapaouter.

Eh bien tu sais quoi ? Non seulement c'est faux, mais je pense que c'est ce qu'ils veulent que tu croies !

Astuces pour lutter contre le *green washing*

- Se détacher du packaging : les industriels le savent bien, si l'emballage est vert, blanc, avec une photo de plante ou de fleur, notre cerveau va associer ça à « produit naturel et sain ». Or il ne s'agit que d'un contenant qui est étudié pour faire vendre et qui ne présage en rien de la composition du produit.
- Se fier aux labels : AB pour agriculture biologique en alimentation, Écocert, Cosmébio, Nature et Progrès, etc. Un produit avec un packaging ventant le naturel et sans aucun label : un warning doit s'allumer dans ton cerveau.
- Savoir lire une étiquette : si c'est vraiment compliqué pour toi au début, tu peux te faire aider en téléchargeant l'application Yuka ou en visitant le site « La vérité sur les cosmétiques ».
- Acheter des produits bruts ou ayant une liste d'ingrédients la plus courte possible.

« L'offre verte » explose : bonne ou mauvaise nouvelle ?

Du bon...

#3615MYLIFE

Quand j'ai commencé ma démarche il y a un peu plus de dix ans, c'était moins évident qu'aujourd'hui. Il y avait comme deux extrêmes :

- soit les consommateurs lambda qui faisaient leurs courses au supermarché et ne se posaient absolument aucune question sur leur consommation ;

> - soit les hippies qui vivaient sans électricité dans des yourtes et buvaient de l'eau de pluie.
>
> *Entre les deux : pas grand-chose.* Avec le recul, je pense que c'est la conscience de ce manque qui nous a fait créer nos blogs, avec H, puis le groupe Facebook « Gestion budgétaire, entraide et minimalisme », puis notre premier livre : on pressentait qu'il y avait énormément à faire dans cet entre-deux.

Personne ne peut le nier, ces dernières années, « l'offre verte » a explosé :

- Il y a de plus en plus de magasins bio, et même de magasins de vrac.
- Il y a de plus en plus de boutiques de seconde main et de marques éthiques.
- L'offre en cosmétique naturelle, bio, végan, a explosé.
- Les objets lavables, durables, qui nous permettent de remplacer tous les objets jetables sont bien implantés sur le marché.

Dans le même temps, l'information et le contenu concernant ces problématiques a explosé également. Blogs, magazines, livres, chaînes YouTube, réseaux sociaux, et même émissions grand public maintenant : on en parle ! Enfin, ce qui était autrefois réservé à un petit groupe d'écolos convaincus qui passaient pour des illuminés a atteint les oreilles d'une grande partie de la population !

L'explosion de l'offre verte et de l'information a permis ces dernières années une énorme facilitation de la démarche. Rien que sur notre groupe Facebook, les contenus centralisés dans les « posts ressource » permettent de répondre à la majorité des questions que l'on peut se poser quand on cherche à modifier son quotidien vers une consommation plus responsable. Je vois des licornes qui parviennent à faire en six mois ce que j'ai fait en dix ans, et bien sûr, je ne peux que m'en réjouir !

... et du moins bon

En revanche, mon petit côté parano-ronchon (on peut aussi appeler ça « esprit critique ») me chuchote un truc à l'oreille dont il faut que je te parle : on n'oublie pas comme ça ses vieux travers.

Cette dernière année, particulièrement, je vois poindre des choses qui me font tiquer chez des marques pourtant éthiques et engagées. Ce que je pense, c'est qu'on est en train d'essayer de calquer notre consommation responsable sur notre consommation toute pourrie d'avant. On veut que tout soit facile, rapide, fluide : **l'offre verte se calque donc sur nos habitudes de consommation antérieures.**

Je vais te donner un exemple : depuis un moment, il y a la grande mode des *bee wraps*, ces espèces d'emballages ou de couvercles de pots en tissu enduits de cire d'abeille, qui permettent d'éviter d'acheter du papier aluminium ou du film plastique étirable.

Pourquoi pas, mais on peut tellement se débrouiller autrement pour éradiquer l'alu et le film plastique ! Mettre les restes dans un bocal en verre fermé, emballer certains aliments dans un torchon ou une serviette en tissu propre, poser une assiette sur le bol ou la casserole et zou au frigo, etc. Ce qui fait que personnellement, je n'en ai jamais eu l'utilité.

Ce que je veux te dire, c'est que ce n'est pas parce que c'est bio, que ça remplace du jetable, que c'est éthique, que c'est local ou que sais-je, que c'est forcément UTILE pour TOI.

C'est très bien que ça existe, ça aide plein de gens dans leur transition. Mais ne nous jetons pas tête baissée sur tous les objets « nouvelle tendance zéro déchet » *juste* parce que c'est « nouvelle tendance zéro déchet » : il n'y a que toi qui comptes. Alors, est-ce que cet objet va réellement t'être utile **à toi** ?

Tout ça nous amène au nœud du problème : la croissance verte.

Croissance verte : on prend les mêmes et on recommence

Toute cette histoire de croissance verte, c'est finalement l'offre qui s'adapte à la demande, **et pas le système qui change.**

Attention les yeux, tu ne vas pas en revenir : qui dit « croissance verte » dit « croissance ». Ce qui veut dire : augmenter, produire **plus**. Alors OK, produire avec des matériaux plus nobles, plus durables, plus éthiques, mais produire plus quand même. On est toujours dans notre vieux système, en fait : dans le « trop », dans le « sur- » : surproduire, surconsommer, « surépuiser » les ressources. C'est bien là le problème. Dans l'expression « croissance verte », le mot « vert » est le pauvre arbre esseulé qui cache la forêt (amazonienne) décimée de la croissance.

Tout comme la personne qui commence à manger bio et qui se plaint que c'est trop cher parce qu'en réalité, elle a juste calqué sa consommation d'avant à sa consommation bio, on est en train de faire pareil avec la croissance verte : on calque nos façons de consommer en mode bio, éthique, durable, mais au fond, on veut consommer de la même façon. On veut le confort, la rapidité, le côté pratique et ne surtout pas trop se fatiguer ni se poser de questions.

On a juste transposé d'autres objets sur les mêmes comportements.

C'est un peu mieux, certes. Sauf que le fond du problème écologique, c'est la surproduction, l'épuisement des ressources naturelles, et la pollution liée à tout ça. Et que surproduire des objets lambda ou surproduire des objets plus éthiques, au final, on surproduit quand même !

Attention aussi à l'argument du recyclage. C'est sûr, c'est tentant d'acheter des objets ou des contenants recyclables, mais j'ai parfois l'impression qu'une fois qu'on a mis l'objet à la poubelle, voire dans le bac recyclage, on fait comme s'il n'existait plus.

- Or, cet emballage recyclable ou recyclé, il a été produit, cela a demandé des ressources et beaucoup d'énergie pour le créer.
- Ensuite, il sera retraité, ce qui demandera également beaucoup de ressources, et seule une petite partie sera recyclée, le reste non, et on recommence. Parce que oui, quand il est indiqué « recyclable » sur un emballage, ça ne veut pas dire qu'il est 100 % recyclable, ce n'est qu'une partie qui l'est, et le reste viendra grossir les tonnes de déchets qui sont brûlés ou enfouis dans des conditions déplorables.
- Ou pire, des entreprises peu scrupuleuses l'enverront dans les pays du tiers-monde, où il sera pris en charge par les mafias locales et viendra polluer l'environnement direct des habitants qui n'ont rien demandé. Visualise le petit ruisseau qui coule devant la maison de ta grand-mère : une mer de déchets. Le parc où tu aimes te balader : rempli de congères de détritus provenant de l'autre côté de la planète. C'est exactement ça que nos déchets infligent à d'autres êtres humains, je te renvoie à la très instructive vidéo de Konbini[17] sur la question, où on voit des emballages de gruyère râpé « Les Croisés » ou des montagnes de bouteilles de lait bien françaises s'accumuler au cœur même des villes malaisiennes.

Axer la com' sur le côté recyclable de l'emballage, je n'irais pas jusqu'à dire que c'est du *green washing* délibéré et honteux, mais c'est néanmoins un argument de vente, et un bon argument, puisque le consommateur qui essaie de bien faire va acheter en allégeant sa conscience.

17. www.youtube.com/watch?v=97D4jq3tbdg

Consommer mieux, OK, mais surtout : consommer MOINS

Si la question de l'origine de ce qu'on achète est très importante, celle de l'utilité est déterminante : à un moment, va vraiment falloir penser à consommer moins, les gars.

On l'a vu, surtout dans la partie O de Origine, consommer mieux, c'est bien. Vraiment, hein, je le pense. Le problème, c'est que si, dans notre démarche de consom'acteur, on nous dit qu'il faut consommer « moins et mieux », actuellement, nous sommes lancés à bride abattue vers le « consommer mieux »... mais ça coince toujours sévère pour le « consommer moins ».

Finalement, maintenant que la lingette lavable et le rouge à lèvres végan sont devenus à la mode, ce n'est pas tellement compliqué de consommer mieux. C'est entré dans les pratiques de M. et Mme Tout-le-monde, c'est plutôt valorisé, il y a plein d'offres et les informations sont accessibles si on cherche un peu (et même pas trop, suffit de s'abonner à une blogueuse comme moi qui te mâche tout le boulot).

Mais j'en arrive à penser, *sans aucune étude scientifique ni statistique à l'appui*, que le plus important, c'est surtout de consommer moins. On pourrait s'amuser à faire le bilan carbone de deux garde-robes, une avec cinq vêtements de grandes marques de *fast-fashion* et une avec quinze vêtements de marques éthiques. Bon, on est d'accord, les conditions de production sont importantes aussi, c'est vrai, mais quelle garde-robe a nécessité le plus de ressources, finalement ?

Comme on dit, le meilleur déchet, c'est celui que l'on ne produit pas.

Ne pas calquer sa consommation responsable sur sa consommation d'avant

On ne cesse de le dire et de le redire : manger bio est accessible à quasi tous les budgets, mais à condition de ne pas consommer exactement la même chose en version bio, sinon c'est sûr que la carte bleue flambe comme la forêt amazonienne. Par conséquent, lorsqu'on commence à vouloir manger bio, on fait un tri naturel dans ce qu'on consommait avant et on achète beaucoup moins de superflu.

Par contre, on parle beaucoup moins de tout le reste de notre consommation. Parce que la bouffe, OK, mais les vêtements ? Les cosmétiques ? Les objets de la cuisine ? Tout ce qu'on achète, en fait ! On peut vraiment aujourd'hui acheter presque tout en version « éthique », « bio » ou « responsable ». Mais si on ne veut pas exploser notre budget ni surconsommer en mode « green », il faut continuer à faire fonctionner nos méninges de consommateur critique et ne pas se jeter sur tout ce qui a un label, juste parce que ça a un label !

Ce que je te raconte là est particulièrement flagrant pour les cosmétiques. En tant que blogueuse « green », je suis quelques-unes de mes consœurs sur Internet et je vois à quel point le business des cosmétiques bio s'est calqué sur celui des cosmétiques conventionnels.

Tu trouves tout, maintenant, en version bio : des crèmes pour les mains, pour les pieds, pour le corps, pour le visage, des laits nettoyants, des sérums machin-truc, des crèmes contour de l'œil, des antirides, des démaquillants, des eaux micellaires, des lotions toniques, des exfoliants visage et/ou corps.

Je continue ?

En plus, les cosmétiques bio sont à peu près dans les mêmes gammes de prix que les cosmétiques conventionnels « moyen + » :

ils sont un peu plus chers que les premiers prix de supermarchés, mais moins chers que ceux vendus en parfumeries. *Résultat des courses : toi, tu fais un* haul *cosmétiques bio pour remplacer tes produits cracra et moi je joue le rôle de la vieille mégère qui te dit que ce n'est pas encore bien !*

Bon, franchement, c'est mieux. Et puis ça peut faire le job le temps d'une transition. Mais un jour, on se rappelle pourquoi on a décidé de consommer bio, et on finit par passer la seconde.

Encore une fois, je ne te jette pas la pierre, parce qu'en dix ans je suis passée par toutes les étapes imaginables ! D'ailleurs, je raconte tout ça en détail dans l'article « Ma routine visage naturelle et minimaliste » sur mon blog.

Par contre, avec le recul, je vois que ce qui a été constant dans mon évolution, c'est d'essayer de consommer de moins en moins. Ça ne s'est pas fait du jour au lendemain, mais aujourd'hui la liste de mes produits cosmétiques est extrêmement réduite.

Dans ma salle de bains

- Un savon : je ne suis pas fidèle à un savon en particulier, mais les savons que j'utilise sont saponifiés à froid, bio, végan, et sans huile de palme. Je n'utilise plus de gel douche, et encore moins de nettoyants intimes, non seulement inutiles mais très mauvais !
- Un shampooing solide.
- Une huile.
- Un hydrolat ou du gel d'aloe vera.
- Aujourd'hui, je n'utilise plus de crèmes, j'ai décidé de n'utiliser que des produits bruts et de bonne qualité (bio et le plus locaux possible).

→

- Faire moitié huile moitié hydrolat dans sa main et étaler comme une crème : c'est bien plus sain, minimaliste et économique !
- Je m'en sers pour hydrater mon visage, mon corps et mes cheveux !
- Je n'utilise plus de démaquillant mais un gant microfibre avec de l'eau, qui démaquille tout aussi bien !

Ma liste pourrait s'arrêter là, mais à certaines périodes de l'année j'ai la peau très très sèche et cela me gêne vraiment, donc j'utilise du beurre de karité. J'ai vraiment essayé de m'en passer par souci écologique, mais ce produit m'est vraiment utile, donc je fais tout pour le consommer de la manière la plus responsable possible : j'en achète du bio, un pot de 100 g me dure plus d'un an, et je privilégie les contenants en verre.

Consommer moins, ça s'apprend

C'est bizarre, n'est-ce pas ? Surtout quand on sait que la majorité des objets et produits que nous utilisons au quotidien n'existaient même pas il y a deux générations. Nous avons tant à déconstruire ! Nous ne nous posons même plus la question de ce qui est réellement utile pour nous, nous consommons par habitude.

Consommer moins demande au début une vraie gymnastique du cerveau au quotidien, mais finalement, au bout de quelque temps, cela devient un réflexe, une seconde nature : à chaque fois que nous sommes sur le point de faire un achat, nous nous demandons comment nous en passer.

- Quelle est la réelle plus-value sur notre vie, en termes de confort ?
- Est-ce que cet objet nous est vraiment utile, ou est-ce qu'on a tellement l'habitude de l'acheter que la question n'arrive même plus à notre esprit ?

La prochaine fois que tu feras des achats, prend une minute pour regarder ton panier en pleine conscience. Même pour des produits du quotidien. SURTOUT pour des produits du quotidien, d'ailleurs : quand je vois de quoi était remplie ma salle de bains il y a dix ans... Je n'avais pourtant pas l'impression de surconsommer !

Les 5R

Dans son livre *Zéro déchet*, Béa Johnson cite la méthode des 5R :

- Refuser.
- Réduire.
- Réutiliser.
- Recycler.
- Composter (*to rot* en anglais).

L'ordre dans lequel elle a mis les mots est primordial : refuser et réduire sont à adopter en priorité ! Tant qu'on n'aura pas guéri notre maladie de surconsommateurs en changeant nos comportements et qu'on continuera à acheter plus que nécessaire, même en bio ou en durable, on n'aura pas attaqué le fond du problème.

Consommer moins AVANT de consommer mieux

Ça fait deux heures que je te saoule avec cette histoire de consommer moins, mais je vais en rajouter une dernière couche !

Je t'ai expliqué que selon moi on était en train de se lancer tête baissée dans le *green business* et que ça craignait un peu du boudin *(végan)*.

Je pense que la plupart d'entre nous prennent le truc à l'envers : on essaie de consommer moins et mieux, alors on consomme mieux d'abord. ERREUR ! Il faudrait consommer D'ABORD moins et ENSUITE mieux.

Tu vois, pour en revenir à ma salle de bains, maintenant qu'elle est extrêmement minimalisée en termes de quantité de produits :

- Ça me permet d'aller beaucoup plus loin dans la recherche de qualité : c'est beaucoup plus facile que si j'avais quinze produits à scruter à la loupe. *(OUI madame-c'est-que-du-bon-sens, JE SAIS ! Mais pourquoi se priver de le dire puisque ça ne vient pas tout de suite à l'idée ?)*
- Utiliser des produits les plus bruts possibles me facilite énormément la tâche également, car je ne suis pas obligée de m'interroger pendant des heures sur la provenance de tous les ingrédients du produit.
- Aujourd'hui, j'utilise des huiles et hydrolats bio, français ou européens, dans des contenants en verre.
- Tu sais quoi ? Je dépense beaucoup moins d'argent en achetant ces produits de très grande qualité que quand j'achetais mes cosmétiques en grande surface !
- Et je ne te parle même pas des bénéfices sur ma peau sensible et réactive : adieu rougeurs, petits boutons et tiraillements, ma peau va tellement mieux depuis que j'ai arrêté les produits dégueu !

Petit résumé pratico-pratique pour savoir si un achat va vraiment t'être Utile

- Ce qu'on te montre comme étant innovant est-il vraiment utile pour toi ?
- Ce qui est utile pour ta mère ou ta copine n'est pas forcément utile pour toi, et vice versa.
- Ce n'est pas parce que tout le monde en a un que c'est utile.
- Pour savoir si c'est utile : ferme les écoutilles sur les pubs, tes proches, les gens, etc., et écoute TOI TOI TOOOIII !!!
- Attention au *green washing* et au *green marketing* : ce n'est pas parce que c'est bio que ça te sera forcément utile.
- Consomme *moins* AVANT de consommer mieux : c'est PRI-MOR-DIAL.
- Achète des produits bruts et multi-usages.

Gratitude

C'est bien beau tout ça, mais tout est fait pour nous tenter, je le sais bien. Dans ce chapitre, je t'ai déjà donné pas mal de pistes de réflexion et de conseils pratico-pratiques. Maintenant, j'ai envie d'élargir un peu la question en me basant non plus sur l'extérieur de nous (les stratégies marketing, la qualité des produits, etc.) **mais sur l'intérieur de nous**. Parce que vois-tu, je suis persuadée que résister à la pression de consommation extérieure passe énormément par un renforcement intérieur.

Non à la tyrannie du bonheur…

Fun fact : au moment où j'écrivais le passage sur la gratitude, H écrivait celles-ci sur le bonheur : on entend partout qu'il FAUT être heureux.

Rappelons cinq secondes la définition du bonheur de notre pote Larousse :

1. Bonne chance, circonstance favorable : *Nous avons eu le bonheur d'arriver à temps.*

2. État de complète satisfaction : *Rien ne peut troubler leur bonheur.*

3. Joie, plaisir liés à une circonstance : *Quel bonheur de se retrouver ici !*

Donc voilà. Il FAUT être heureux = il FAUT ressentir tout le temps cet état de complète satisfaction, de joie, de plaisir.

Merci pour cette nouvelle raison d'alourdir ma charge mentale. Parce que bon, si c'est clair que ça serait le pied, concrètement, on fait comment ? Certains trouvent cet état dans leurs ébats nocturnes *(ou diurnes, on est pas obligé.e.s d'être des papys)*, mais bon, concrètement, on ne peut pas faire des galipettes H24.

Enfin bref. En guise de réponse, dans le milieu écoresponsable ou du développement personnel, on entend souvent : « Le bonheur ne passe pas par les objets. Aime les choses simples. Prends plaisir à écouter les petits oiseaux. Émerveille-toi de la nature, reconnecte-toi à elle. Sois bienveillant.e et tout ira mieux. ». *Genre ça, ça devrait te rendre heureux.se, quoi, t'es pas capable de faire ça ? Bouh, t'es trop nul.le.*

Il y a un problème avec cette injonction au bonheur : quand t'es pris.e dans tout ton quotidien, comme la plupart d'entre nous, tout ça, ça te fait une belle jambe. Et quand en plus tu es noyé.e par les informations vraies, mais catastrophistes, c'est plutôt l'angoisse permanente qui te guette.

Laisse-moi imaginer ce qui se passe dans ta tête quand tu lis ce genre de phrases (*OK, en vrai, c'est ce qui se passait dans la mienne avant, haha*) :

- **Le bonheur ne passe pas par les objets :** Et comment se fait-il alors que je n'arrive pas à m'en séparer ? *Je suis trop nul.le.*
- **Aime les choses simples :** Bah voyons, raconte ça à mon quotidien composé de mille choses à faire pour avoir l'impression d'être adapté.e à cette société. *Je suis trop matérialiste.*
- **Prends plaisir à écouter les petits oiseaux :** Bordel, si j'avais le temps ! Malheureusement, je me lève et j'ai déjà tellement d'autres choses à faire qu'une petite ballade dans la nature pour écouter les oiseaux… bien trop occupé.e à me démerder de mes problèmes de thunes et d'organisation. Parce que c'est ça hein, la vraie vie. *Je suis trop capitaliste.*
- **Reconnecte-toi à la nature, émerveille-toi d'elle :** Quand on commence à creuser, on en arrive à comprendre le mal que l'humain lui fait, les insectes qui disparaissent, les nanoparticules et les plastiques invisibles partout, la nature qui se meurt : comment ressentir du bonheur ? *Ça me donne plus la haine qu'autre chose.*
- **Sois bienveillant.e :** comment être bienveillant avec cette arrogante espèce humaine qui détruit tout, y compris elle-même ? *C'est plutôt un coup à devenir misanthrope.*

En gros, je pensais : « Ce bonheur, c'est juste du gros **bullshit**-hippie-new-age. #VTFF. Parle à ma main. » Ha oui, tout le monde devrait être heureux comme ça, le monde irait tellement mieux ! M'enfin, c'est pas le cas et en attendant, c'est pas avec des yakafaukon en mode pensée magique, c'est pas en disant « c'est ce bonheur-là qu'il faut que tu atteignes » que ça va être le cas.

Ouiiiiii, j'étais un peu remontée. *Intérieurement*. Parce que tout ça, je ne l'ai jamais exprimé, j'avais honte de le penser, c'était très dissonant avec mes convictions profondes.

Tout ça pour te dire que le modèle du bonheur dans la consommation est un gros leurre, c'est ce qu'on essaye de te démontrer en long, en large et en travers chaque fois qu'on s'exprime à la radio ou qu'on prend la plume.

Mais une fois qu'on a tiré à boulets rouges là-dessus, qu'est-ce qui vient derrière ? **Eh bien, c'est précisément la raison d'être profonde de ce livre.**

Une fois que tu as compris que le bonheur, non seulement le plaisir immédiat, mais aussi le bonheur à long terme, n'est pas dans la consommation, c'est à TOI de définir ce qui constitue ta source de bien-être, de joie, de satisfaction et de plaisir.

Point de bonheur prédigéré : ta liberté, c'est d'être heureux à ta façon. Et c'est bien pour ça qu'on a essayé de te guider à travers la jungle de tes besoins tout au long de ce livre, en t'invitant à te poser de si nombreuses questions sur toi-même.

En gros, tout ce que Marie va te raconter sur la gratitude n'est possible qu'au terme de ce cheminement, une fois que tu auras réussi à lever le pied de l'accélérateur, à te libérer de l'enfer de tous ces objets semblables, à définir tes valeurs profondes et à t'aligner avec, et à entendre que le moins arrive loin devant le mieux. **Après seulement**, tu pourras envisager d'apprécier pleinement le bonheur simple d'écouter les oiseaux et de regarder les gendarmes (les insectes hein, pas la maréchaussée) copuler sur ta terrasse, de pardonner à l'espèce humaine sa gigantesque imbécillité congénitale.

Bref : l'apaisement ne s'impose pas. Il se (re)construit.

… oui à la gratitude !

Le sentiment d'être complet, d'avoir assez, ne pas avoir (trop) de vide à combler, ça se travaille !

Savourer…

- Voir mon fils donner spontanément un de ses jouets à un copain.
- Que ma première vision du matin, quoiqu'un peu embuée, soit le sourire de mon amoureux.
- Un appel de ma mère ou de ma sœur pour prendre des nouvelles.
- La réussite d'une amie dans sa vie professionnelle ou dans un de ses objectifs.
- Le câlin du chat du matin.
- Un bon bouquin sous mon plaid zèbre.
- Le brunch du dimanche avec les voisins.
- Voir mes poulettes et mes biquettes arriver en courant du fond du jardin quand elles me voient.
- Un mojito en terrasse avec les copines.
- Tomber sur une pépite chez un bouquiniste avec mon fils, ce livre de dragonologie sublime.
- Écouter les oiseaux à 6 heures quand tout le monde dort encore.
- Mettre ma nouvelle encre à lèvres Zao, bio, végan et rechargeable et sentir le **Beyoncé Spirit** qui est en moi.
- Manger les tests de confitures de ma maman.
- Et puis, tous les jours, tous les jours sans aucune exception, m'endormir en me disant que je suis en sécurité, au chaud, avec le ventre plein.

B
I
S
O
U

Développer son sentiment de gratitude est un outil très utilisé en développement personnel. Bon, pour tout te dire, j'ai énormément lu sur la spiritualité et le développement personnel et je trouve qu'il y a à boire et à manger. En plus, je trouve que c'est parfois culpabilisant, cette course au bonheur et au bien-être.

En revanche, pratiquer la gratitude, c'est quelque chose d'assez inné chez moi. Dieu merci, l'Univers m'a équipée d'une capacité à râler et à me plaindre hors du commun, mais également de son extrême inverse : je m'émerveille d'un rien (pour les autres, pour moi, c'est énorme) et je suis extrêmement reconnaissante pour tout ce que j'ai.

Prendre un moment par jour pour ralentir la course effrénée de ta vie, te poser et contempler tout ce qu'il y a de beau autour de toi, c'est vraiment l'outil numéro un pour lutter contre la sensation de manque, supercopine de la surconsommation.

Peu de choses te sont vraiment utiles - et donc ?

En venir à l'essentiel

Je sais que ça ferait sûrement plus intelligent si je te citais Spinoza ou le dalaï-lama (H a cité des gens intelligents dans la partie B de Besoin, en plus…), mais je pense que c'est encore l'ours Baloo qui résume le mieux l'affaire dans *Le livre de la jungle* : « Il en faut peu pour être heureux. »

Par contre, il y a dans cette *punchline* une erreur d'interprétation qui a traversé les années. La plupart du temps, on la perçoit comme : « Bon, après tout, je vais me contenter de peu, ce n'est pas si grave si je n'ai pas ça ou ça, je vais essayer d'être heureux QUAND MÊME. »

Or Baloo ne dit pas : « Si tu n'as pas grand-chose, tu peux être heureux quand même. » Il dit : « Il en FAUT PEU pour être heureux. » Du verbe *falloir*, qui implique la notion de nécessité, d'obligation. L'inverse serait donc : « Si tu as plus que le nécessaire, tu seras malheureux. »

(J'ai vraiment fait une analyse de texte d'une réplique de dessin animé dans ce livre ?)

Ce n'est pas pour rien que le désencombrement est à la mode. On parle bien de « désencombrer », enlever ce qui nous encombre.

Lorsque tu prends conscience de tout ce qui t'encombre, tu peux te sentir submergé.e. C'est normal, ne panique pas. Un pas après l'autre, un jour après l'autre, et surtout dis-toi bien que c'est un chemin de vie sans destination établie.

Ce qui compte c'est toi, uniquement toi, comment tu te sens, comment tu t'alignes avec tes valeurs : tu as fait le pas le plus essentiel en le réalisant. Peut-être qu'il a fallu pour ça que tu traverses un burn-out, une dépression, une maladie, parce que tu n'as pas écouté ton ressenti, ton intuition, et qu'à un moment, si tu fais vraiment la sourde oreille, l'univers passe la seconde et te colle une bonne taloche pour te réveiller.

C'est très difficile, je suis passée par là.

Je crois qu'on a tous une « coupe à **bullshit** » intérieure (stress, culpabilité, encombrement, non-alignement avec ses valeurs), et que quand elle est pleine, elle déborde. Certains parviennent à s'ajuster avant, et c'est très bien, d'autres, comme moi, sont des croisements entre l'autruche qui se met la tête dans le sable, l'éponge à « je suis pas assez bien, j'ai pas le droit » et la Wonder Woman qui se bat envers et contre tout.

Mais la vie, ce n'est pas ça. La vie, c'est faire partir et laisser partir, jusqu'à se rapprocher toujours plus de l'essentiel. On croit qu'il nous faut toujours plus et toujours autrement pour être heureux. *Spoiler alert:* c'est faux, il nous en faut toujours moins. Pour faire de la place au plus important.

La surconsommation, ou même la consommation « non consciente », nous amène du « trop » qui nous oblige à dépenser une énergie précieuse qui serait bien plus utile dans d'autres domaines de nos vies. Voici quelques petits exemples de pollution mentale :

- On te fait croire que ces vêtements te rendront plus belle.
- On te fait croire que ce produit cosmétique miracle corrigera tes « défauts ».
- On te fait dépenser de l'argent pour te payer des objets et tu stresses le 15 du mois car tu n'as pas payé tes factures.
- Tu t'encombres du regard des autres, tu te fais des plannings de ministres en surconsommant des loisirs.
- Tu te compares aux voisins...

Alors qu'en fait... tu es suffisant.e. Comme tu es. Tu as une grande valeur, et ta capacité à être heureux.se tient à d'autres choses que des achats.

La consommation consciente est une notion parfois un peu difficile à appréhender.

Prenons deux femmes qui achètent le même rouge à lèvres. À première vue, on pourrait dire que le résultat est le même : un rouge à lèvres a été produit et acheté. Mais toute la différence se trouve à l'intérieur de ces deux femmes !

- L'une d'elles a acheté son rouge à lèvres un jour où elle s'ennuyait. Elle ne se sent pas valorisée, ni dans sa famille ni dans son travail. Elle achète toutes les semaines soit des vêtements, soit des cosmétiques, soit de la décoration. Elle se rue sur toutes les nouvelles tendances.

- L'autre femme a fait ses petites recherches avant d'acheter son rouge à lèvres. Elle en a trouvé un de bonne qualité et éthique, cet achat ne grèvera pas son budget, mais elle a décidé de se faire plaisir. Parce qu'elle le vaut bien, tout simplement ! Elle est bien entourée dans sa vie, et se maquiller est son petit plaisir cocooning journalier.

Est-ce que tu sens la différence ? Je ne suis pas d'accord pour qu'on s'arrête à l'analyse « le résultat est le même » : la différence est fondamentale.

Connaissance de soi

Toute la partie B de Besoin de ce livre t'a amené.e à une véritable introspection, et tu vois qu'on ne t'a jamais dit : « Il faut faire comme ça et pas autrement. »

Tout le temps, à chaque chapitre, on t'a amené à t'interroger sur TOI : quels sont tes besoins, quelles sont tes valeurs, quel est ton rythme, qu'est-ce qui est utile pour toi... ?

C'est sûr, ça aurait été plus facile pour nous d'écrire un livre « La méthode BISOU en dix points », cinq actions par point, bim, emballé c'est pesé ! Ça aurait été plus facile pour toi aussi : « Alors, me désabonner des newsletters, *check*, commander tel savon de telle marque, *check*, point suivant. »

Enfin, facile au début. Mais après, ça aurait coincé, car on ne peut pas appliquer bêtement les conseils qu'on reçoit sans les passer avant à la moulinette de nos propres besoins.

C'est bien pour ça qu'observer notre consommation nous donne une formidable occasion pour mieux nous connaître. Et mieux nous connaître pour être au monde plus sereinement et apporter le meilleur de nous, c'est un petit peu le but de la vie, je dis ça, je dis rien.

Liberté

Je vais te faire une confidence en essayant de ne pas tomber dans mon autopsychanalyse, ce n'est pas le lieu : le plus difficile pour moi dans mon métier d'écrivain-blogueuse-conférencière « écolo minimaliste », ce n'est pas de voir l'état de la planète, ni le jour du dépassement qui avance chaque année. Non, le plus dur pour moi, c'est de voir à quel point la plupart des gens ne se saisissent pas de leur liberté. Cela vaut dans tous les aspects de nos vies, mais notre consommation en est un exemple vraiment frappant.

Nous sommes quand même dans un pays sans guerre où personne ne nous met un couteau sous la gorge quand nous allons faire nos courses. La plupart d'entre nous parviennent à se loger, se nourrir, s'habiller et se laver.

Je pense que si on interroge cent personnes, quatre-vingt-dix diront que oui, consommer bio et éthique, c'est mieux, et qu'elles aimeraient bien elles aussi. Mais elles croient qu'elles ne peuvent pas ! La plupart des gens qui tournent autour du revenu médian ou qui se situent même au-dessus pensent ne pas avoir les moyens d'adopter une consommation responsable : elles brident leur propre liberté avec une prison mentale en pensant ne pas avoir le choix.

Alors que leur liberté est tellement, tellement grande...

Combien de personnes subissent un travail, des relations, une consommation qui ne leur plaît pas et ne leur ressemble pas ?

« OUI DONC » AU LIEU DE « OUI MAIS »

« J'aimerais acheter de bons produits à un agriculteur plutôt qu'au supermarché. »

- « Oui, mais (rayez la mention inutile) : c'est trop cher, c'est trop loin, y a pas tout ce que je veux, etc. »
- « Oui, donc : je vais essayer la semaine prochaine, on verra bien, je note ça dans mon agenda. »

Le « Oui donc » change la vie et est un super petit outil pour commencer à exercer notre liberté.

La liberté, ce n'est pas faire tout ce qu'on veut, quand on veut, non, la liberté, c'est faire des choix. Et la première étape, c'est de se rappeler qu'on a des choix à faire. T'inquiète, on est là pour ça avec H, pour te le rappeler.

Bon, après, on ne va pas se mentir, ce n'est pas toujours confortable, la liberté. Des fois je rêve de la vie de ces gens qui se lèvent tous les matins, vont au boulot, font une tâche répétitive, rentrent le soir, s'occupent de leurs enfants, et n'ont d'autres préoccupations que leur prochain lieu de vacances ou l'aménagement de leur nouvelle cuisine. Mais je ne suis pas calibrée ainsi, alors je fais avec ! Et puis, sont-ils vraiment satisfaits ?

La liberté apporte son lot de prises de tête, de peurs, mais également de grands bonheurs, et une sensation d'accomplissement.

Autonomie

Quand on change de manière de consommer, on devient aussi beaucoup plus autonome… C'est fou tout ce qu'on apprend !

- Déjà, **on exerce son esprit critique au quotidien.** On lit les étiquettes, on reconnaît les noms de deux ou trois produits toxiques ou à boycotter (pas plus, pas la peine d'avoir un Master en physique-chimie). On ne croit plus ce qu'on nous dit a priori, on se renseigne par soi-même. On apprend à chercher des informations et à se faire sa propre idée.
- **On acquiert des nouvelles compétences.** On apprend à réparer des objets (je vous parle ou pas de la fois où on a crevé sur une route avec ma copine et qu'on s'est retrouvées à chercher un tuto YouTube pour mettre la roue de secours ? Eh bien on a réussi !). On devient créatif.ve, on utilise des objets de différentes façons, même s'ils n'étaient pas prévus pour !

Dépendance infantile

J'ai vraiment la sensation que ce système capitaliste nous infantilise totalement. Lorsque je fais des conférences, je vois par exemple que la grande majorité des gens ne sait pas comment est fabriquée une crème cosmétique. Quand je leur explique qu'une crème, c'est une huile + une eau + un émulsifiant, ils me regardent avec des yeux ronds : « C'est tout, c'est juste ça ? »

Sur certains groupes Facebook, je lis des questions d'internautes qui me semblent effarantes : « Est-ce que vous trouvez que mes ongles de pieds sont trop longs ? » *(Véridique, je ne m'en remettrai jamais !)*

Non seulement on n'a plus les connaissances de base (maintenant qu'on trouve des œufs durs emballés dans du plastique, les gens ne sauront bientôt même plus d'où proviennent les œufs !), mais le plus grave : on n'a plus le réflexe de chercher. Combien de fois j'ai envie de hurler : « Mais fais une recherche, à la fin, c'est pas compliqué ! », quand je vois la quatrième demande de recette de lessive au savon de Marseille de la journée ! *(Mais je ne le fais pas, je suis civilisée.)*

Quand on n'est pas autonome, on se laisse ballotter et c'est hyperangoissant. On a des peurs qui tournent sans arrêt en arrière-plan en nous bouffant une énergie incroyable, mais c'est pernicieux, on ne s'en rend pas compte tout de suite. On est dépendant des autres, de l'argent qu'on gagne, de notre travail, même si on ne l'aime pas.

Et face aux industriels, on se positionne comme des petits enfants qui ne savent pas.

Produits bruts et créativité

Je trouve ça dramatique. On nous fait croire que tout est affreusement chronophage et compliqué et qu'on nous facilite la vie en nous fournissant des produits transformés. Or, c'est entièrement faux ! La solution est très simple : il suffit de consommer le plus possible de produits bruts.

- En cuisine : des légumes, des céréales, des légumineuses, pas de plats transformés.
- Pour la maison : vinaigre blanc, cristaux de soude, savon de Marseille.
- Dans la salle de bains : savon, huile, hydrolat.

Être autonome, ça ne veut pas dire forcément devenir survivaliste et être autosuffisant pour son logement et son alimentation : en fait, je crois que c'est plus un état d'esprit qu'un mode de vie défini.

Être autonome, pour moi :

- C'est être capable de chercher une information et de faire face à toutes les situations. Ça peut aussi signifier être capable de demander de l'aide.
- C'est être créatif et réunir, mutualiser.
- Et au final, c'est se dire qu'il n'y a que peu de choses qui nous sont utiles au niveau matériel.

Se responsabiliser

Et tu sais quoi ? Une fois qu'on a minimalisé et assaini le plus gros de notre consommation, ce mode de réflexion devient un réflexe. Par conséquent, on en arrive à appliquer la méthode BISOU dans des domaines de nos vies qui vont au-delà de nos achats, parce que devenir autonome dans nos choix et maîtres de notre vie a quelque chose de grisant.

À chaque fois que tu fais l'expérience de réparer quelque chose, ou d'aller dans un Repair Café pour qu'on t'apprenne à le faire, à chaque fois que tu regardes la compo d'un produit et que tu le reposes en disant « Non mais ils me prennent pour un pigeon ou quoi ? », à chaque fois que tu arrives à éradiquer un nouveau déchet de ta maison… tu te sens juste… tellement plus fort.e ! Tu es fièr.e, tu prends confiance en toi, tu te dis que tu sauras te débrouiller en toutes circonstances, et ça, ça n'a pas de prix.

Ce pouvoir, on l'a tous en nous, il suffit juste de le décider et d'arrêter de nous cacher derrière notre petit doigt. Nous avons les moyens de changer de grands aspects de la société. Notre simple consommation courante est bien plus puissante qu'un bulletin de vote.

Être autonome, ce n'est pas devenir un monstre d'égoïsme et s'enfoncer dans la solitude, c'est comprendre et assumer ses propres besoins de façon à ne plus les faire porter à d'autres (le système, les entreprises, le travail…). Finalement, c'est juste… prendre la responsabilité de ses actes.

Ça ne veut pas dire être parfait : c'est être capable de se questionner et d'agir en pleine conscience.

La place pour autre chose

Moins on a à se questionner sur notre consommation, plus nos relations et notre environnement sont assainis, plus les peurs et les doutes s'envolent. Et c'est qu'ils prenaient de la place, ceux-là !

Je ne m'en suis pas rendu compte tout de suite.

J'ai désencombré, vidé, minimalisé. J'ai commencé à me foutre de beaucoup *(beaucoup !)* de choses, à ne plus craindre ce qu'on pensait de moi, à faire de mon mieux, à me connaître et à m'accepter.

Eh bien, au moins 50 % des sentiments qui se promenaient dans mon cerveau ont disparu : culpabilité, peur de manquer d'argent, peur de ce qu'on pense de moi, obligation de faire des choses que je n'avais pas envie de faire...

Attention, je ne te dis pas que c'est facile et que ça vient du jour au lendemain ! Mais ça vient !

Alors on fait quoi de toute cette place libre ? Dans l'idéal : le moins de choses possible. Laisser de la place pour juste se détendre et vivre l'instant présent, c'est bien. Mais on peut aussi axer nos actions sur des choses qui nous font vraiment du bien : voir des amis, rire, faire la sieste, visiter de nouveaux endroits, lire. En fait : faire passer ce qu'on aime faire en priorité, c'est tout.

Je te rappelle au passage que « Il faut souffrir pour être belle, ou pour avoir un bon salaire », « Il faut faire beaucoup d'efforts pour faire fonctionner une relation », etc., c'est juste du **bullshit**. Tout ce qui ne nous fait pas de bien est inutile dans nos vies. *#FuckYesRules*

Ce qui compte, c'est toi, encore et toujours, et ce qui te nourrit de l'intérieur. *Et spoiler alert : ce n'est jamais faire une virée shopping de l'extrême qui te nourrit de l'intérieur.* Fais de la place. Arrête de te remplir. Souffle. Tu verras qu'après, tu te sentiras tellement mieux... Satisfait.e ou remboursé.e *(j'déconne).*

Conclusion

Tu l'auras compris si tu as tout bien lu et même si tu as lu en diagonale *(pas bien !)* : la méthode BISOU, même si on pourrait la traduire (plus ou moins) littéralement par « The French Kiss Project », ce n'est pas une méthode pour te révéler le secret de la pelle ultime – *même si en la matière il y aurait de quoi faire.*

Alors OK, cette méthode n'est pas un scoop. Spéciale dédicace à la... euh... pas très gentille personne qui nous poursuit sur les réseaux sociaux pour nous dire et nous redire qu'on n'a pas inventé la poudre *(encore heureux !).*

Mais si tu as eu envie de lire ce livre, c'est que ça t'est utile : parfois, on a besoin d'entendre des choses qui pourtant devraient être évidentes, **mais qui ne le sont plus**.

Petit résumé pour les pressé.e.s

(ou si tu veux l'afficher dans tes toilettes pour méditer)

Comme tu as pu le lire tout au long de cet ouvrage, la méthode BISOU est un moyen mnémotechnique qui regroupe les cinq questions à se poser avant de faire un achat.

B comme BESOIN

- À quel besoin cet achat répond-il chez toi ?
- Qu'est-ce que cette envie vient dire de ton état physique, mental, spirituel, à ce moment précis ?
- Tes besoins, en particulier affectifs, sont-ils comblés en ce moment dans ta vie ?
- Le marketing ne prend soin ni de toi ni de tes besoins, au contraire il accentue tes peurs, angoisses et complexes. Il te vend ensuite de quoi colmater les plaies qu'il a lui-même élargies. Donc autant essayer de combler tes besoins le plus en amont possible !

I comme IMMÉDIATETÉ

- As-tu besoin de cet objet immédiatement ?
- Tout est fait aujourd'hui pour te faire consommer de plus en plus, et de plus en plus vite.
- L'immédiateté est la meilleure copine de l'achat compulsif.
- Le problème, c'est que tu ne t'en rends même plus compte, puisque c'est l'ensemble de ta vie qui est devenu une course effrénée. Il est temps de ralentir et d'adopter un mode de vie plus *slow* : ta consommation s'en ressentira *(et non, promis, tu vas pas te faire chier ! On a l'air de s'emmerder, nous ?).*

S comme SEMBLABLE

- As-tu un objet semblable qui pourrait faire l'affaire ?
- Si tu achètes des trucs semblables, c'est très souvent qu'un de tes besoins n'a pas été entendu.

- Le minimalisme est alors ton ami, pour ne pas te laisser encombrer, ni physiquement ni mentalement.
- Pour faire le tri dans tes objets et même dans tes relations, pense à la technique du « *Fuck Yes* ! »

O comme ORIGINE

- Quelle est l'origine de ce produit ?
- D'où vient-il ? Comment a-t-il été fabriqué, par qui, de quelle façon ?
- Sa conception est-elle éthique, les personnes de chaque maillon de la chaîne sont-elles bien traitées ?
- Cet ensemble de questions vient questionner ton empathie et l'alignement entre tes valeurs et tes actes.

U comme UTILITÉ

- Cet objet va-t-il t'être utile ?
- Mais en fait, ça veut dire quoi, aujourd'hui, « utile » ?
- Le progrès qu'on te vante est-il réellement un progrès ?
- Comment naviguer dans la jungle du *green washing*, de la croissance verte et du « vrai utile pour moi » ?

Comme tu le vois, cette méthode t'amène finalement plus de questions que de réponses *(ne nous remercie pas)* : si tu pensais trouver du prêt-à-penser clé en main, tu es peut-être déçu.e.

Tu sais pourquoi on fait ça ?

- Déjà, parce qu'on n'a pas la prétention d'avoir LES réponses ULTIMES à ce genre de problématiques.
- Parce qu'on pense que se poser des questions en permanence sur sa consommation est une gymnastique nécessaire. Le but,

c'est de devenir un consommateur critique, pas un mouton qui suit à la lettre une liste de trucs et astuces !

- Parce que tes questions ne seront pas les mêmes que celles de ton voisin, puisqu'elles seront en lien avec TES expériences de vie, TES perceptions, TES valeurs, TES besoins, et que ce sera beaucoup plus efficace si tu trouves tes réponses sur mesure plutôt que si tu essaies de calquer le comportement de quelqu'un d'autre sans te l'approprier à fond.
- Et enfin parce qu'on espère que grâce à ce livre, tu *te* construises une manière de consommer qui soit le reflet de qui *tu* es et de l'impact que *tu* veux avoir.

Adopter une consommation responsable n'est pas...

... un chemin austère, ascétique, chiant et ennuyeux

... Sauf si tu décides que c'est un chemin austère, ascétique, chiant et ennuyeux. Et c'est ton droit.

On voit des photos dans certains groupes minimalistes où tu te dis que, putain, si t'étais invité.e chez cette personne, tu serrerais les fesses très fort pour ne pas faire une microtrace de chaussure dans le salon. Ce n'est pas la philosophie qu'on propose ! Le minimalisme, oui, la pression de la perfection et le manque de chaleur humaine, très peu pour nous.

On espère très fort que tu ne crois plus que consommer de manière responsable n'est qu'un long chemin de croix de privations et de frustrations. Sinon, c'est qu'on s'y est prises comme des billes. Au contraire, en suivant la méthode BISOU, tu vas petit à petit te débarrasser de ce qui, de toute façon, t'encombrait et polluait ton espace visuel et mental, pour faire entrer dans ta vie beaucoup plus de joie, de partages, de sérénité, de plaisirs (OUI OUI !!), tout ça en apprenant à mieux repérer tes besoins et te connaître.

… un chemin de déprime et de révolte

… sauf si tu décides que c'est un chemin de déprime et de révolte.

Tu as vu que dans ce livre, on ne s'est pas attardées sur ce monde horrible et cruel, les politiques véreux, le règne de l'argent, le déclin de la biodiversité et autres joyeusetés. Comme on le dit et on le répète depuis le tout début de notre démarche, il existe des gens très qualifiés pour aborder ces questions-là.

Nous, on se situe plus dans le « après » : une fois qu'on a pris conscience de la situation, qu'est-ce qu'on fait au quotidien ? Par quel bout on commence ? Notre premier livre, *J'arrête de surconsommer !*, répond à ces questions. Il nous semblait primordial de tordre le cou aux clichés du genre « Le bio c'est trop cher » ou « C'est trop compliqué, j'ai pas le temps », etc.

On voulait que chaque personne, avec son budget *à elle*, ses contraintes *à elle*, comprenne qu'elle pouvait À SON NIVEAU enclencher un changement dans sa consommation.

Mais aujourd'hui, les petits colibris que nous sommes prennent cher.

On nous rabâche que nos petites actions quotidiennes ne servent à rien et qu'on n'en est plus là au vu de l'urgence climatique. Un nouveau terme a vu le jour : la collapsologie. Il s'agit de l'étude de l'effondrement de notre société industrielle.

Contrairement à ce que l'on peut croire, collapsologie et éco-anxiété ne vont pas forcément de pair. Néanmoins, une très grande partie des personnes qui réalisent tout à coup que notre monde, notre système actuel ne pourront pas perdurer sombrent dans une déprime plus ou moins longue et plus ou moins intense. C'est peut-être ton cas, ça a été celui de H il y a quelques années.

Mais le monde ne se portera pas mieux si tu te sens mal, oppressé.e, déprimé.e et en colère. On a le droit de passer par cette phase, et de l'accueillir. Mais on a aussi le droit d'aller bien et de nous occuper de nous, de notre bien-être : *bye bye* l'image de l'artiste maudit qui noie sa trop grande lucidité sur le monde dans l'alcool !

On n'a pas à porter la culpabilité de l'état global de la planète sur nos frêles épaules. Alors on va se détendre du slop et s'autoriser à laisser de la place dans nos vies pour autre chose que notre engagement écologique.

D'ailleurs, pourquoi les gens ont-ils une image si fade de ceux qui s'engagent dans une démarche écologique ?

Ce n'est pas une secte où on te demande de laisser ta joie de vivre sur le paillasson ! Ça fait plus sérieux d'avoir l'air déprimé ? Ça fait plus sérieux quand tu balances plein de chiffres avec des pourcentages et des statistiques, et si possible encore plus déprimants que ceux de ton voisin ?

Dans ce deuxième livre, on a essayé de t'expliquer que tu as le droit d'être heureux quand même, même si les stats du réchauffement climatique sont nazes, même si des espèces d'animaux disparaissent tous les jours, même si on se noie sous les déchets. **Être heureux n'a jamais empêché quiconque d'agir.**

On a tous besoin d'une base à peu près commune pour se sentir bien : que nos besoins vitaux soient comblés, et aussi être aimés et reconnus. Sorti de là, c'est à chacun de tricoter son propre bonheur. On n'a pas eu envie dans ce livre de se lancer dans une longue diatribe philosophique et métaphysique sur le bonheur : le Net en regorge, et pour nous, tout simplement, le bonheur est un sentiment d'apaisement, profiter des bons moments, et avoir confiance en demain.

Et tu l'as bien vu : nous, ce qui nous intéresse, c'est ton bonheur *à toi*. Pas l'ersatz de bonheur que te fait miroiter la société de consommation, non ! Celui que tu construis en prenant réellement soin de toi et en écoutant tes propres besoins. Et pas non plus un objectif lointain de bonheur standardisé ! Celui qui se vit au jour le jour, et différemment pour chaque personne.

... un chemin compliqué et prise de tête

... surtout si tu as lu nos deux bouquins.

Aujourd'hui, on est noyé sous les infos, ça oui. Mais ce sont toujours les mêmes qui reviennent, alors on te propose d'arrêter de lire dix mille articles ou bouquins sur le sujet **et de commencer à agir.** Rien n'est compliqué : tu essaies un truc, au pire tu foires. Voilà.

Tout pourrait se résumer à cette question : **de quoi as-tu peur ?** Il y a toujours une peur derrière un malaise ou un blocage, et c'est primordial de la repérer et de l'analyser. Rien que de faire ça, elle diminue au moins de moitié *(pouf le soufflet)* !

Eh oui, nos peurs font parfois dans notre tête comme une espèce de brouillard nébuleux hyperangoissant, mais quand on prend la peine de les décortiquer, elles deviennent beaucoup moins impressionnantes. On te propose donc un dernier petit exercice, pour la route. T'en fais pas, t'auras pas de problème avec la maréchaussée, c'est un exercice sans alcool... *sauf si tu décides que c'est avec alcool. (haha)*

DÉGAGE, LA PEUR !

1. Trouve ton blocage pour avancer vers une consommation encore plus responsable et liste tes peurs, regarde-les bien en face et mets-toi dans la peau de De Niro dans *Taxi Driver* : *« You talkin' to me ??? »*

- Tu aimerais bien diminuer voire arrêter de manger de la viande mais tu coinces. De quoi tu as peur : Que tes repas soient fades ? Que ta famille fasse la gueule ? D'avoir des carences ?
- Tu aimerais vraiment limiter beaucoup plus les déchets chez toi, mais ça n'avance pas. De quoi tu as peur : Du regard des autres ? De ne pas trouver ce dont tu as besoin et de devoir faire tes courses dans quatre magasins différents ? Que ton budget flambe ?

2. Pour chaque petite peur listée, visualise exactement ce qui se passerait si ça arrivait. Vas-y, fais-toi plaiz', pars dans le grand drame hollywoodien, le pire du pire !!! Puis demande-toi :

- Est-ce que c'est si grave ?
- Est-ce que ça déstabiliserait toute ta vie si ça arrivait ?

3. Enfin, imagine des solutions pour pallier toutes ces petites peurs. Par exemple pour ce qui est de diminuer la viande : si tu as peur de ne plus trouver de plaisir à manger, trouve des blogs végétariens avec des superrecettes. Si tu as peur des carences, renseigne-toi à ce sujet. *Et surtout, tu le fais. Sans attendre ! Prends ton ordi ou ton smartphone et tape « blog recettes végétariennes ». Ou « végétarisme et carences ». TOUT.DE.SUITE !*

Le temps est maintenant venu de quitter notre compagnie pour voler de tes propres ailes et surtout, **passer à l'action (sauf si tu veux faire la sieste. C'est encouragé)**. Tout ne changera pas dans ton quotidien en un jour, alors arrête avec cette foutue pression de perfection : ferme ce livre, lève-toi de ton canapé, et va poser *UNE* action vers la déconsommation !

Mais surtout... Prends soin de toi !

On t'embrasse.

M & H

(XOXO... Gossip Girls)

Bonus track

Petit lexique licornesque de H&M

Abandonniquesamère (le syndrome) : sur le modèle de la comptine « 3 Petits Chats » : abandon-abandonnique-nique sa mère. (Pardon maman.) Le syndrome abandonniquesamère, c'est l'angoisse d'abandon, tout simplement. Il se manifeste sous la forme de réponses parfois un peu... démesurées à certains stimuli, tels que l'absence de réponse sur Messenger dans les trois secondes, mais aussi de difficultés à sortir d'une relation épuisante, ou encore de la capacité à plonger dans de nouvelles relations par peur d'être déçu.e.

Berdol : c'est une anagramme de Bordel. C'est pour dire bordel, mais sans le dire. On dit déjà assez de gros mots comme ça, nan ? La légende dit que l'origine de ce mot est une simple erreur de frappe de G – une membre de la fabuleuse *Team Admin* de GBEM (voir entrée GBEM) – qui nous a fait notre journée. Adopté ! #quésappellorioquezac.

Beybey : bébé. C'est comme ça qu'on se l'écrit entre nous, Marie et moi, pour bien souligner l'ironie de l'emploi du terme. Tout comme on n'écrit pas « chérie » mais « chewiiiie ».

Beyoncé Spirit : quand tu te sens putain de belle et powerful.

Bouiner : action de buller, de ne rien faire de productif, quoi. Quoi, tout le monde ne dit pas ça ??? Mais vous dites quoi, alors ?

Bullshit : c'est comme « connerie » mais ça sonne mieux. Sans dèc, « merde de taureau », ça claque ! Nan ?

Canicher : haha, le caniche, mais quelle source d'inspiration ! Tout un concept. À l'origine, à une certaine époque, Marie était vraiment, mais vraiment vénère contre le monde entier. (Elle avait de très bonnes raisons pour ça, mais c'est pas la question.) Un jour, elle dit « Je sais pas, je me sens d'humeur caniche sanguinaire en ce moment », et en guise d'illustration, elle sort l'image d'un caniche, yeux injectés de sang, toutes canines dehors, visiblement en train de grogner sauvagement et de saliver abondamment : le concept était né. Depuis, on utilise le mot caniche en tant qu'adjectif qualificatif (comme dans « humeur caniche »), l'expression « caniche *mood* » pour désigner une humeur massacrante, le verbe « canicher » pour caractériser le fait de pourrir quelqu'un, le nom commun « canichage » pour désigner l'action de canicher quelqu'un (exemple : « Tu lui as fait un beau canichage en règle ! ») et le verbe « décanicher » pour désigner l'action de neutraliser le caniche *mood* d'une copine.

Chalala : « C...H...À...L...À...À... Mais qu'est-ce que ça peut bien vouloir dire ? » « J'ai faim ! » « Si on allait à l'italien ? » « Ha ouais j'adore l'italien ! » « CHINOIS ALORS ! » Non, alors en vrai, ce mot désigne tout l'univers spirituel, métaphysique, magique, tout ce qui relève du domaine de l'invisible, en fait.

Choucroute (n'avoir aucun rapport avec la) : s'utilise comme « rien à voir avec le schmilblick ». C'est plus clair comme ça ? Non ?

Conapts : voir entrée « Sortez de vos conapts ! »

Corben Dallas (faire son) : OK, celle-là vient de loin. Si tu connais le film *Le Cinquième Élément* (un des quinze mille films préférés de H), tu dois te souvenir de la scène où le héros, Bruce Williiiiiiiiiiiiiiiiiiiiiis aka Corben Dallas est interviewé par Ruby Rhod. Ruby Rhod est extrêmement pétillant et volubile et noie Corben Dallas sous un flot ininterrompu de paroles, pour finir par lui lancer « Balance tout, mec ! ». Réponse de Corben Dallas : « Euuuh... Salut. » Difficile de retranscrire ici le comique de la scène, mais depuis, quand quelqu'un répond par monosyllabe, on dit qu'il (ou elle) fait son Corben Dallas.

Écosiaïser : action d'utiliser le moteur de recherche Écosia (le moteur de recherche qui plante des arbres !) pour effectuer une recherche par mot-clé sur Internet. Tu as le droit de dire « Liloïser » si tu utilises Lilo, etc. Même si pour DuckDuckGo ça semble un peu plus compliqué, ça doit se trouver.

Envers de la connasse : déjà, qui est la connasse ? La connasse est la personne parfaite. Maman parfaitement belle, parfaitement organisée, parfaitement raccord avec son esprit écolo-zen-chic, mari parfait qui range le lave-vaisselle sans s'exciter et qui récure les chiottes sans qu'elle le lui demande, enfants parfaits, bref, à qui tout réussit. Maintenant qu'on l'explique dans le lexique, ça fait un peu sexiste. Mais bon. Donc la connasse, elle n'existe pas ailleurs que dans ton idéal perfectionniste. Ses enfants mangent des brocolis bio certes, mais en cachette, ils se bouffent les crottes de nez. Mais c'est normal. On est toutes (et tous, oui oui !) la connasse de quelqu'un, il y a toujours quelqu'un pour nous trouver trop parfait pour un truc, et on a toutes et tous des envers de la connasse. C'est humain. Détends-toi, tout va bien aller même si tu n'es pas parfait.e !

Frisouter : friser, mais en plus mignon. Non ?

Fulgurance : c'est comme ça que Marie appelle l'idée de génie, celle qui te prend par surprise alors que tu tournais un problème dans tous les sens depuis plusieurs semaines et que tu avais fini par lâcher l'affaire.

GBEM : diminutif du nom du groupe Facebook « Gestion budgétaire, entraide et minimalisme ». *Fun fact :* il paraît que cela serait aussi le nom d'une secte mystico-religieuse (ou d'un groupe de musique local ?) quelque part en Afrique, c'est pourquoi parfois, nous voyons arriver des wagons entiers de personnes qui n'ont aucune idée de la vraie thématique du groupe.

Grotte : désigne la maison de Marie. C'est son sanctuaire, son refuge, son radeau de la Méduse, sa forteresse, enfin bref, tu m'as comprise.

Kewhaaaat ? : interjection voulant (tout simplement) dire : QUOIIIIIII ? NB : ne marche que quand « quoi » est utilisé seul et avec un point d'interrogation. On ne peut pas dire « de kewhaaaat ? » à la place de « de quoi ? ». Yep, nous avons un langage gémellaire, mais avec des règles, messieurs-dames.

La salade à tout : nom du blog de Marie, inspiré de ses jeunes années de colocation avec sa meilleure amie. Déjà des licornes sans le savoir, elles finissaient toujours leurs restes de frigo qui formaient parfois des « salades à tout » assez étranges... Comme en plus Marie est végétarienne (et que tout le monde sait que les végétariens ne mangent que de la salade), et qu'elle parle de tout puisqu'elle est incapable de se cantonner à un sujet, BIM : La salade à tout !

Licornes : les licornes sont les membres du groupe Facebook « Gestion budgétaire, entraide et minimalisme ». Le jour où nous avons créé le groupe, H a mis comme bannière la première photo qui lui est tombée sous la main, une licorne en plastique de sa fille, en se disant que quand elle aurait trois secondes, elle en mettrait une plus en rapport avec le thème. Oui mais voilà, quelque temps plus tard, quand elle a voulu la remplacer, ça a déclenché un tollé chez les membres du groupe, qui dès lors se sont autonommé.e.s « les licornes ». Dans notre monde, la Licornie, une licorne est une personne qui fait de son mieux pour raisonner sa consommation, dans la joie, la bonne humeur et la bienveillance.

Licornesque : synonyme de licornien. (Haha, je sens que tu es bien avancé.e !) Adjectif qualificatif dérivé du concept de Licorne. Qualifie du coup un objet, une personne, un comportement proche de l'état d'esprit licorne (aussi appelé le Licorne Spirit).

Licornie : la Licornie est donc l'espace où évoluent les licornes, membres du groupe « Gestion budgétaire et minimalisme ». C'est un espace bienveillant, drôle, une espèce de bulle où on peut tout dire, mais pas n'importe comment (#règlen°1).

Mojo : en référence au film *Austin Powers*, bien sûr ! Le mojo, pour nous, c'est l'énergie vitale créatrice. Quoique, dans un certain contexte, ça reste comme dans *Austin Powers*, le caractère magnétique du sex-appeal. Hum.

Monk (avoir un côté, faire son) : en référence à la série du même nom qui met en scène ce détective privé de génie bourré de TOC et de phobies complètement hilarant. Notre côté Monk, c'est notre facette totalement *control freak* et nos manies bizarres (est-ce que toi aussi tu tries les couverts dans le lave-vaisselle ?).

Ovaires (les) : bon, les ovaires, tu sais ce que c'est, je vais pas te faire de schéma. Nous, on l'utilise dans un contexte un peu particulier : on est des meufs, conséquemment, on n'est pas dotées de testicules, donc dans toutes les expressions contenant le mot « couilles », comme « avoir les couilles de » ou « mettre ses couilles sur la table », « se faire des couilles en or » ou « s'en battre les couilles », on remplace le mot « couilles » par le mot « ovaires ». Parce que non, avoir du courage, gagner plein d'argent, s'imposer ou s'en tamponner le coquillard n'est pas réservé aux hommes. #parcequenouslevalonsbien #teamgoldenglobes.

Piocher : OK, piocher veut dire piocher. Mais Marie sait TRÈS BIEN que ce mot déclenche des crises d'urticaires chez H (à cause de la prononciation du mot. Cherche pas, y a rien à comprendre. C'est comme ça.) et donc, ce mot n'est jamais utilisé sans arrière-pensée espiègle entre nous.

Poils de SIF : poils du Sillon InterFessier. OK, ce n'est pas à proprement parler une expression classieuse. La légende dit qu'un jour, H, pour souhaiter bonne chance à une copine de la *Team Admin*, lui a dit : « Je croise aussi les poils de chatte. » Bien sûr, tout le monde sur le fil Messenger ricana de concert. Et puis un jour, Gaëlle (ou serait-ce peut-être Juju ?), toujours cette mémorable *Team Admin*, ajouta aux poils de chatte... les poils de SIF. Depuis, cela donne lieu à moult expressions, outre « croiser les poils de SIF », il y a aussi « frisouter les poils de SIF », « hérisser les poils de SIF », bref, tu vois le concept.

Poutpouter le youhou : même signification que « courir sur le haricot ».

Question Curly (la) : question sans aucun rapport avec la choucroute. (Voir **Choucroute** dans le présent lexique. Haha. « Le lexique dont vous êtes le héros. »)

Réponse Mélenchon (la) : lorsqu'on nous pose une question Curly, la réponse Mélenchon est une riposte qui consiste à signifier à l'interlocuteur que sa question est nulle, puis à en reposer une nouvelle plus intéressante, et enfin à y répondre.

Réponse Luchini (la) : lorsqu'on nous pose une question Curly, la réponse Luchini est une riposte consistant à produire une réponse philosophico-économico-lacanienne parsemée de « baiser » et de « niquer ».

Terminator Mode : c'est le mode survie, le mode indestructible. Mettre un pied devant l'autre, jour après jour, quoi qu'il arrive.

TMTC : acronyme fort étrange tant dans le fond que dans la forme, voulant dire « toi-même tu sais ». Si toi non plus tu ne sais pas pourquoi le « sais » est devenu un « C », tape dans tes mains. En attendant, c'est une expression qui nous fait bien marrer et qu'on utilise, comme toute bonne expression ridicule qui se respecte, dans un contexte d'autodérision. Elle s'emploie comme « tu le sais aussi bien que moi » ou encore « tu m'as compris.e ».

Troll domestique : c'est un membre spécial du groupe Facebook « Gestion budgétaire, entraide et minimalisme », aussi surnommé « le poussin ». C'est un ami de H, rencontré sur un forum de construction de maisons où il a été surnommé poussin, en référence à son jeune âge et au fait qu'il balançait du « mamie » à toute personne de plus de trente ans. Le poussin a un jour découvert GBEM, y est entré, et a commencé à troller joyeusement les publications. Il a été rapidement adopté et domestiqué par la *Team Admin*, puis par les membres, et depuis, il met beaucoup de vie et de peps et aide l'univers licornesque à ne pas se prendre au sérieux. Son aliment préféré : le concombre, *ex aequo* avec le poireau. Son animal préféré : le jaguar. Ses sujets de prédilection : les sex-toys écologiques. Il va sans dire que le personnage qui joue le poussin cache un vrai être humain bien moins cliché qu'il n'y paraît… mais chut ! ça risquerait de rompre la magie.

Sortez de vos conapts ! : nom du blog de H. Pourquoi les conapts ? C'est une question mille fois posée. H est une fan de BD et particulièrement de la fabuleuse série *L'incal*, de Jodorowsky et Moebius. Le héros, John Difool, prend conscience de l'absurdité de son monde où les gens sont parqués dans de minuscules appartements, les conapts, muselés devant leur télé, buvant du CocalfolDark et mangeant du Bio Vita Steack à longueur de journée. Un jour, il hacke le réseau, apparaît sur les écrans et hurle à tous : « Sortez de vos conapts ! Affrontez le monde ! La révolution est dans la rue ! »

Tu auras reconnu (ou pas...)

Bande-son (par ordre d'apparition) :

Francis Cabrel, « Encore et encore »
Pierre Perret, « Les Jolies Colonies de vacances »
Générique de la série *Malcolm*
Angèle, « Balance ton quoi »
Shaka Ponk, « The story of my life »
Philippe Katerine, « La Banane »
Anaïs, « Mon cœur mon amour »
Il était une fois, « J'ai encore rêvé d'elle » (Pardonpardonpardon hum)
Poopman, « La Chanson du caca » (*idem*)

Références cinéma et séries (par ordre d'apparition) :

Kaamelott
Total Recall
Le Père Noël est une ordure
Terminator
Le Bon, la Brute et le Truand
Le Monde de Nemo
La Tour Montparnasse infernale
La saga Star Wars
Austin Powers
Le Cinquième Élément
Stargate (SG1, la série !)
Harry Potter, les reliques de la mort
Vahiana
Gremlins
Générique de *La Reine des neiges*
La Cité de la peur
Le Livre de la jungle
Taxi Driver

Remerciements

Un immense merci à toute l'équipe d'administration du groupe Facebook « Gestion budgétaire, entraide et minimalisme ».

Merci à chacun d'entre vous individuellement et du fond du cœur pour tout ce travail bénévole que vous faites au quotidien sur le groupe afin de maintenir la qualité des échanges et des informations, merci pour votre engagement, votre rigueur, votre patience, votre humour, votre foi en un monde meilleur.

Merci de faire en sorte que GBEM, petite graine au départ, devienne un magnifique arbre où il fait bon se ressourcer et croire en l'avenir.

Sans vous, ce groupe d'entraide merveilleux de plus de 160 000 personnes ne pourrait tout simplement pas fonctionner.

Merci à nos compagnons de route de ces trois dernières années, vous qui avez été là dans l'euphorie comme dans la déprime.

Merci à nos familles, mais aussi à nos familles de cœur (#amiespourlavie).

Marie remercie particulièrement le merveilleux être humain qui partage sa vie. Merci de croire toujours en moi, d'être aussi positif, constant, aimant, et pour ta purée de rutabaga.

Merci à Herveline pour notre amitié solide qui va bien au-delà des réseaux sociaux ou de la co-écriture.

Merci également à ma meilleure amie depuis trente ans, âme sœur, pilier inébranlable.

Merci à toutes les lectrices de mon blog pour votre fidélité, votre confiance et votre bienveillance.

Herveline remercie particulièrement sa moitié de pomme bio, Marie, pour sa confiance inébranlable, son sens du rythme et sa passion pour la corde à sauter. Bon en fait non, pour être elle, tout simplement, les amitiés comme celles-là sont tellement rares dans une vie…

Et puis, même si ce n'est pas très conventionnel, j'aimerais bien me dire merci, parce que même si je suis infiniment reconnaissante à l'Univers d'avoir placé sur ma route des êtres humains en or qui m'ont été d'un soutien et d'une aide inestimable, le courage, la persévérance et la résilience n'appartiennent finalement qu'à moi-même. Cette force, nous la possédons toutes et tous, mais nous avons trop l'habitude de minimiser ces qualités si précieuses pour ne voir que nos défauts honteux.

Et *last but not least*, merci aux éditions Eyrolles de nous avoir fait confiance pour notre premier livre *J'arrête de surconsommer !*, et pour votre enthousiasme à remettre ça avec nous !

Merci pour votre disponibilité et la qualité de nos échanges.

Chez le même éditeur

LABO
ZÉRO
CONSO
Marie-France FARRÉ
Photographies de
Florence Akouka
Réalisez vous-même
vos produits
cosmétiques et ménagers
50 DIY
100% NATURELS
EYROLLES

100% économe en énergie et anti-gaspi
Marie Cochard
Notre aventure
sans frigo
ou presque...
Photographies
d'OLIVIER COCHARD
EYROLLES

– Marie Cochard –
Les Epluchures
Tout ce que vous pouvez en faire
CUISINE · JARDIN · BEAUTÉ · SOINS
Photographies
de MARGAUX VIÉ
EYROLLES

Dépôt légal : janvier 2020
Imprimé en France par Corlet Imprimeur
N° d'imprimeur : 19100278